〔清〕王夫之 著

思問録　俟解
黄書　噩夢

中華書局

圖書在版編目(CIP)數據

思問録;俟解;黄書;噩夢/(清)王夫之著;王伯祥點校. —北京:中華書局,2009.8(2024.5重印)
ISBN 978-7-101-06628-9

Ⅰ.①思…②俟…③黄…④噩… Ⅱ.①王…②王… Ⅲ.古典哲學-中國-清代-文集 Ⅳ.B249.21

中國版本圖書館CIP數據核字(2009)第032890號

責任印製:管 斌

思問録 俟解 黄書 噩夢

〔清〕王夫之 著

王伯祥 點校

*

中 華 書 局 出 版 發 行

(北京市豐臺區太平橋西里38號 100073)

http://www.zhbc.com.cn

E-mail:zhbc@zhbc.com.cn

三河市宏盛印務有限公司印刷

*

850×1168毫米 1/32 · 6印張 · 2插頁 · 100千字

2009年8月第1版 2024年5月第5次印刷

印數:6901-7800册 定價:28.00元

ISBN 978-7-101-06628-9

出版説明

思問録内篇、外篇各一卷，俟解一卷，是王夫之的兩部哲學著作。據他自稱，生平受宋朝張載的影響最深，著有張子正蒙注，對於張載的哲學思想，加以正確和詳盡的闡發，我們已另爲印行。據潘宗洛所作的船山先生傳説，思問録内、外篇的著成在正蒙注之前，與正蒙注互相發明。俟解的著成，照題辭所記的年份是一六八四年（清康熙二三年，甲子），在他逝世前八年。

思問録内篇以討論哲學問題爲主，外篇涉及許多科學的問題。俟解特別注重在個人的修養方面，但仍然從他的哲學理論出發，尤其是對於唯心主義哲學的批評，極爲深刻。這兩部書有許多可以補充正蒙注的地方，所以最好與正蒙注參看。

黄書和噩夢，是王夫之關於政治問題的著作。黄書著成於一六五六年（清順治一三年），噩夢著成於一六八二年（清康熙二一年）。他一生堅持反清主張。黄書的主旨，他後序裏説得很明白，就是「拒間氣殊類之災，扶長中夏以盡其材」。首篇原極的結尾，説螞蟻（玄駒）尚且能够保護族類，不受別種蟲類的侵犯，做了人類的君主，却專爲保有一家的富貴，對本族臣民極端的猜忌防制，以致不能抵禦外患，可説連螞蟻都不如。在古儀篇裏説歷代王朝一姓的更换，算不了什麽，最可痛恨的是宋朝的被女直、韃靼所覆滅，才是「生民以來未有之禍」。推究原因，是從秦起頭，把天下當做一姓的私産，極端中央集權；到了宋朝，「削節鎮，領宿衛」，「以潰無窮之防」，所以他駡他們是「孤秦陋宋」。爲了抵抗外患，他主張地方分權，增强邊區的防禦武力，優待中央和地方的官員，給以相當的職權，不要加以牽制。這一類意見，在他所著讀通鑑論、宋論等書中發揮得更爲透徹。噩夢是就他看到的當時實際政治情況提出改革的意見，他自序説明只是「因時之極敝而補之，非其至者也」。雖然現在事過境遷，却因此可以看到他對於實際事務的精密的觀察和周詳的規畫。

原書中有許多作□□的缺字，大概係「華夏」、「夷狄」一類的字，刻本爲了避清廷的忌諱，不敢刻出。現在除黄書原極篇根據船山學報曾慶榜黄書宣義加以填補外，其餘雖可從文義推知，不敢逕改。又，原稿對於少數民族如「仡儸」等都照舊文作「犭」旁，現在也暫仍其舊。

思問録、俟解和黄書、噩夢原來是分成兩本書，由我局於一九五六年九月分别出版，一九八三年兩書先後第四次印刷。一九八二年黄書噩夢重印時，我們據曾氏金陵刻本重新作了校勘，並改正了若干文字標點錯誤。其中噩夢一書，還參考湖南周調陽先生依據一未署名抄本對照船山遺書作的校勘記，改正書中訛脱及原作□者共十餘處。這兩本小書久已絶版，讀者無處尋覓，爲此我們決定將其合爲一册出版，新編了目録，改寫了出版説明。其他不妥的地方，敬希批評指正。

中華書局編輯部　二〇〇九年三月

目録

思問錄

思問録内篇

衡陽王夫之譔

「學而時習之，不亦説乎！ 有朋自遠方來，不亦樂乎！ 人不知而不慍，不亦君子乎！」人性之善徵矣。 故以言徵性善者，（知性，乃知善不易以言徵也。）必及乎此而後得之。 誠及乎此，則若火之始然，泉之始達，道義之門啓而常存。 若乍見孺子入井而怵惕惻隱，乃梏亡之餘僅見于情耳，其存不常，其門不啓，或用不逮乎體，或體隨用而流，乃孟子之權辭，非所以徵性善也。

目所不見，非無色也。 耳所不聞，非無聲也。 言所不通，非無義也。 故曰「知之爲知之，不知爲不知」。 知有其不知者存，則既知有之矣，是知也。 因此而求之者，盡其所見，則不見之色章；盡其所聞，則不聞之聲著；盡其所言，則不言之義立。 雖知有其不知，而必因此以致之，不迫于其所不知而索之，此聖學、異端之大辨。

目所不見之有色，耳所不聞之有聲，言所不及之有義，小體之小也。 至于心而無不得矣，思之所不至而有理未思焉耳。 故曰「盡其心者知其性」。 心者，天之具體也。

知、仁、勇，人得之厚而用之也至。然禽獸亦與有之矣，禽獸之與有之者，天之道也。好學近乎知，力行近乎仁，知恥近乎勇，人之獨而禽獸不得與，人之道也。故知斯三者，則所以修身、治人、治天下國家以此矣。近者，天人之詞也，易之所謂繼也。修身、治人、治天下國家以此，雖聖人惡得而不用此哉！

太虛，一實者也。故曰「誠者天之道也」。用者，皆其體也。故曰「誠之者人之道也」。

無極，無有一極也，無有不極也。有一極，則有不極矣。無極而太極也，無有不極，乃謂太極，故君子無所不用其極。行而後知有道，道猶路也。得而後見有德，德猶得也。儲天下之用，給天下之得者，舉無能名言之。天曰無極，人曰至善，通天人曰誠，合體用曰中，皆贊辭也。知者喻之耳。喻之而後可與知道，可與見德。

天不聽物之自然，是故絪緼而化生。乾坤之體立，首出以屯。雷雨之動滿盈，然後無爲而成。若物動而己隨，則歸妹矣。歸妹，人道之窮也。雖通險阻之故，而必動以濟之，然後使物莫不順帝之則。若明于險阻之必有，而中虛以無心照之，則行不窮而道窮矣。莊生齊物論，所憑者照也，火水之所以未濟也。未濟以明測險，人道之窮也。

太極動而生陽，動之動也；靜而生陰，動之靜也。廢然無動而靜，陰惡從生哉！一動一靜，闔闢之謂也。由闔而闢，由闢而闔，皆動也。廢然之靜，則是息矣。「至誠無息」，况天地乎！「維天之命，於穆不已」，何静之有！

時習而説，朋來而樂，動也。人不知而不愠，静也，動之静也。凝存植立即其動。嗒然若喪其耦，静也，廢然之静也。天地自生而吾無所不生，動不能生陽，静不能生陰，委其身心，如山林之畏隹，大木之穴竅，而心死矣。人莫悲于心死，莊生其自道矣乎！

在天而爲象，在物而有數，在人心而爲理。古之聖人，于象數而得理也，未聞于理而爲之象數也。于理而立之象數，則有天道而無人道。疑邵子。

乾以易知，惟其健也。坤以簡能，惟其順也。健則可大，順則可久。可大則賢人之德，可久則賢人之業。久大者，賢人之以盡其健順也。易簡者，天地之道，非人之能也。

「知至至之」，盡人道也。「知終終之」，順俟天也。「九三，上不在天，下不在田」，人道之所自立。故夭壽不貳，修身以俟命，所以立人道也。非躍而欲躍，以强合乎天體；非潛而欲潛，以委順而無能自紀：人道不立矣，異端以之。

誠斯幾，誠幾斯神。「誠無爲」，言無爲之有誠也。「幾善惡」，言當于幾而審善惡也。無爲而誠不息，幾動而善惡必審。立于無窮，應于未著，不疾而速，不行而至矣，神也。用知不如用好學，用仁不如用力行，用勇不如用知恥。故曰心能檢性，性不知自檢其心。

莊周曰：「至人之息以踵。」衆人之言動喜怒，一從膺吻而出，故縱耳目之欲而鼓動其血氣，引其息于踵，不亦愈乎！雖然，其多廢也，浚恒之凶也。五官百骸，心腎頂踵，雷雨之動滿盈，積大明以終始。天下之大用奚獨踵邪！

過去，吾識也。未來，吾慮也。現在，吾思也。天地古今以此而成，天下之亹亹以此而生，其際不可紊，其備不可遺，嗚呼難矣！故曰「爲之難」，曰「先難」。泯三際者，難之須臾而易以終身，小人之徼幸也。

乾稱父。父，吾乾也。坤稱母。母，吾坤也。父母者，乾坤之大德，所以繼吾善也。「我日斯邁而月斯征，夙興夜寐，無忝爾所生」，思健順之難肖也。

不畏心之難操則健。不疑理之難從則順。

力其心不使循乎熟，引而之于無據之地，以得其空微，則必有慧以報之。釋氏之言悟止此矣，覈其實功，老氏之所謂專氣也。報之慧而無餘功，易也。爲之難者不然，存于中歷至賾而不舍，溫故而知新，死而後已，雖有慧，吾得而獲諸！

勇者，曾子之實體也。樂者，顏子之大用也。藏于無所用，體之不實者多矣。見于有所用，用之而不大也久矣。

舜之飯糗茹艸，若將終身。乃爲天子，被袗衣，鼓琴，二女果，若固有之，以處生死視此爾。終日乾乾夕惕若，故無不可用也。先立其大者以盡人道，則如天之無不覆，地之無不載，近取諸身，飲食居處，富貴貧賤，兼容並包而無疑也。非此而欲忘之，卑者不可期月守，高者且絶人理而芻狗天下，愈入于僻矣。

「立人之道，曰仁與義」，在人之天道也。「由仁義行」，以人道率天道也。「行仁義」則待天機之動而後行，非能盡夫人之所以異于禽獸者矣。天道不遺于禽獸，而人道則爲人之獨，由仁義行，大舜存人道聖學也，自然云乎哉！

陰禮陽樂，禮主乎減，樂主乎盈，陰陽之撰可體驗者，莫此爲顯。故曰明則有禮樂，幽則有鬼神。鬼神，陰陽之幾也，禮樂之藴也。幽者明之藏，明者幽之顯也。知此則太極動而生陽，静而生陰，陽有條理，陰有秩敍，非有以生之，則條理不成，秩敍亦無自而設矣。静生秩敍，非幽謐閴寂之爲静可知。嗚呼！静之所生秩敍之實，森森乎其不可斁，而孰其見之！

天者道，人者器，人之所知也。天者器，人者道，非知德者其孰能知之！「潛雖伏矣，亦孔之昭」。「相在爾室，尚不媿于屋漏」。非視不見，聽不聞，體物而不可遺者乎！天下之器，皆以爲體而不可遺也。人道之流行，以官天府地裁成萬物而不見其迹。故曰天者器，人者道。

人欲，鬼神之糟粕也。好學、力行、知恥則二氣之良能也。

甘食悦色，天地之化機也。老子所謂猶橐籥動而愈出者也，所謂天地以萬物爲芻狗者也。非天地之以此芻狗萬物，萬物自效其芻狗爾。有氣而後有幾，氣有變合而攻取生焉，此在氣之後也明甚。告子以爲性，不亦愚乎！

天之使人甘食悦色，天之仁也。天之仁，非人之仁也。天有以仁人，人亦有以仁天仁萬物。恃天之仁而違其仁，去禽獸不遠矣。

有公理，無公欲。私欲浄盡，天理流行，則公矣。天下之理得，則可以給天下之欲矣。以其欲而公諸人，未有能公者也。即或能之，所謂違道以干百姓之譽也，無所往而不稱愿人也。

風雨露雷之所不至，天之化不行。日月星之所不至，天之神不行。君子之言天，言其神化之所至者爾。倒景之上，非無天也，蒼蒼者遠而無至極，惡庸知之哉！君子思不出其位，至于神化而止矣。

神化之所不行，非無理也，所謂清虚一大也。張子。神化之所行，非無虚也，清虚一大者未喪也。清受濁，虚受實，大受小，一受賾。清虚一大者不爲之礙，亦理存焉耳。函此以爲量，澄此以爲安，濁而不滯，實而不塞，小而不煩，賾而不亂，動静各得其理而量不爲詘，則與天地同體矣。若必舍其神化之迹而欲如倒景以上之天，奚能哉，抑亦非其類矣！神化者，天地之和也。天不引地之升氣而與同神化，則否矣。仁智者，貌、言、視、聽、思之和也。思不竭貌、言、視、聽之材而發生其仁智，則殆矣。故曰「天地不交，否」，「思而不學，則殆」。

五性感而善惡分，周子。故天下之惡無不可善也，天下之惡無不因乎善也。靜而不覿若覿其善，不聞若聞其善，動而審其善之或流，則恒善矣。靜而不見有善，動而不審善流于惡之微芒，舉而委之無善無惡，善惡皆外而外無所與，介然返靜而遽信爲不染，身心爲二而判然無主，末流之蕩爲無忌憚之小人而不辭，悲夫！

善惡，人之所知也。自善而惡，幾微之介，人之所不知也，斯須移易而已，故曰獨。不學而能，必有良能。不慮而知，必有良知。喜怒哀樂之未發，必有大本。斂精存理，翕氣存敬，庶幾遇之。墮氣黜精以喪我而息肩者，不知有也。

能不以慕少艾妻子、仕熱中之慕慕其親乎，能不以羊烏之孝、蠭螘之忠事其君父乎，而後人道顯矣。順用其自然，未見其異于禽獸也。有仁，故親親。有義，故敬長。秩敘森然，經綸不昧，引之而達，推行而恒，返諸心而夔夔齊栗，質諸鬼神而無貳爾心，孟子之所謂良知、良能則如此也。

天地之塞成吾之體，而吾之體不必全用天地之塞。故資萬物以備生人之用，而不以仁民之仁愛物。天地之帥成吾之性，而吾之性既立，則志壹動氣，斟酌飽滿，以成乎人道之大用，而不得復如天地之帥以爲帥。故喜怒哀樂有權，而生殺不可以無心爲用。

天氣入乎地氣之中而無不浹，猶火之煖氣入水中也。性，陽之靜也。氣，陰陽之動也。形，陰之靜也。氣浹形中，性浹氣中，氣入形則性亦入形矣。形之撰，氣也；形之理則亦性也。形無非氣之凝，形亦無非性之合也。故人之性雖隨習遷，而好惡靜躁多如其父母，則精氣之與性不相離矣。由此念之，耳目口體髮膚皆爲性之所藏，日用而不知者，不能顯耳。鳶飛戾天，魚躍于淵，道之察上下，于吾身求之自見矣。

「主一之謂敬」，非執一也。「無適之謂一」，非絶物也。肝魂、肺魄、脾意、腎志、心神不分而各營，心氣交輔，帥氣充體，盡形神而恭端，以致于有所事，敬一之實也。無心而往，安而忘之曰適。主敬者必不使其心有此一幾耳。

「靜無而動有。」周子。天下皆靜無而動有也，奚以聖人爲！靜無而不昧其有，則明遠。動有者，有其靜之所涵，感而通，而不緣感以生，則至正，乃以爲五常之本，百行之原也。

顔子好學，知者不逮也。伊尹知恥，勇者不逮也。志伊尹之志，學顔子之學，善用其天德矣。

世教衰，民不興行，「見不賢而内自省」，知恥之功大矣哉！見不賢而内自省，求己嚴則爲之難。爲之難則達情而無過量之求，亦可以遠怨矣。攻人之惡，則樂察惡。樂察人之惡，則惡之條理熟厲薰心矣，慎之哉！同歸而殊塗，一致而百慮，故肫肫其仁，淵淵其淵，浩浩其天，德無不備矣。誠未至者，奚以學之邪？「默而識之，學而不厭，誨人不倦」，所以行殊塗，極百慮，而協于一也。「天下何思何慮」，言天下不可得而逆億也。故曰「無思，本也」。周子。物本然也，義者心之制，思則得之，故曰「思，通用也」，周子。通吾心之用也。死生者亦外也，無所庸其思慮者也。順事没寧，内也，思則得之者也。不于外而用其逆億，則患其思之不至耳，豈禁思哉！

大匠能與人以規矩，不能使人巧。巧者，聖功也，博求之事物以會通其得失，以有形象無形而盡其條理，巧之道也。格物窮理而不期旦暮之效者遇之。

修辭立其誠，無誠之辭，何以修之哉！修辭誠則天下之誠立，未有者從此建矣，已有者從此不易矣。孔子成春秋而亂臣賊子懼，誠也。

「艮其背不獲其身，行其庭不見其人」，无咎之道焉耳。「觀盥而不薦」，非薦之時，然而必盥也。觀我生君子而後可无咎，觀其生君子而後可无咎，不然咎矣。内不見己，外不見人，而後得所止焉，其爲天理也孤矣。憂世之將剥而不與嘗試，非與臣言忠，與子言孝。「居處恭，執事敬，與人忠」以爲德，則且與之爲嬰兒，知之益明而益困矣。艮、觀同道，故君子尤難言之。

履，德之基也。集義，素履也。宜兄弟，樂妻子，而一以戒慎不覩、恐懼不聞之德行之，所謂和而至也。九卦以處憂患，而此爲基。君子坦蕩蕩，修此故也。

見道義之重則外物爲輕，故銖視軒冕，塵視金玉。周子。純乎其體道義者，天下莫匪道義之府，物不輕矣。一介不以與人，一介不以取諸人，非泛然而以銖塵揮斥之也。處貧賤患難而不易其官天地、府萬物之心，則道義不息于己，而已常重矣。

獨知炯于衆知，晝氣清于夜氣，而後可與好仁惡不仁。

知地之在天中，而不知天之在地中，惑也。山川金石，堅确渾淪，而其中之天常流行焉，故濁者不足以爲清者病也。以濁者爲病，則無往而不窒，無往而不疑，無往而不憂。「安汝止，惟幾惟康」，「被袗衣，鼓琴，二女果，若固有之」，「簞食瓢飲，不改其樂」，無所窒也，奚憂疑之有哉！

言幽明而不言有無，張子。至矣。謂有生于無，無生于有，皆戲論。不得謂幽生于明，明生于幽也。論至則戲論絶。幽明者，闔闢之影也。故曰是故知幽明之故。原始反終，故知死生之説。

「天尊地卑，乾坤定矣。卑高以陳，貴賤位矣。動静有常，剛柔斷矣。」此分而爲二，倍而爲四，參而爲六，剖而爲八，參乘四而爲十二，五乘六而爲三十，十二三十相乘而爲三百六十，皆加一倍之定體也。邵子。知其説者，知天地之自然而已。若夫「鼓之以雷霆，震。潤之以風雨，巽。日月運行，一寒一暑，坎、離。乾道成男，艮。坤道成女，兑。」交相摩盪而可大可久之業著焉，則未可以破作四片、破作八片之例例矣。以例例神化，因其自然而喪其匕鬯，天下之理奚以得，而人惡足以成位于中乎！

吉凶、得失、生死，知爲天地之常然而無足用其憂疑，亦可以釋然矣。釋然之餘，何以繼之？繼之以惡而爲餘食贅行，繼之以善而亦爲餘食贅行，憂疑自此積矣。「知者不惑，仁者不憂」，惟其不于吉凶、生死而謀道矣。

言無者激于言有者而破除之也。就言有者之所謂有而謂無其有也。天下果何者而可謂之無哉？言龜無毛，言犬也，非言龜也。言兔無角，言麋也，非言兔也。言者必有所立，而後其説成。今使言者立一無于前，博求之上下四維古今存亡而不可得，窮矣。

尋求而不得，則將應之曰無。姚江之徒以之。天下之尋求而不得者衆矣，宜其樂從之也。

不略于明，不昧于幽，善學思者也。

畫前有易，無非易也。無非易而舍畫以求之于畫前，不已愚乎！畫前有易，故畫生焉。畫者，畫其畫前之易也。

兩端者，虚實也，動静也，聚散也，清濁也，其究一也。張子。實不窒虚，知虚之皆實。静者静動，非不動也。聚于此者散于彼，散于此者聚于彼，濁入清而體清，清入濁而妙濁，而後知其一也，非合兩而以一爲之紐也。

節者，中之顯者也。喜怒哀樂之未發而未有節者存，則發而中者誰之節乎？豈天下之有節乎？是從其白于外之説矣。故周子曰「中也者和也」，張子曰「大和所謂道」，卓矣。雖喜怒哀樂之未發，而參前倚衡莫非節也。充氣以從志，凝志以居德，庶幾遇之，闃寂空窅者失之遠矣。迫發而始慎之，必有不審不及之憂。

「無不敬」，慎其動也。「儼若思」，静而存也。「安定辭」，立誠于天下也。「儼若思」，于是而有思，則節無不中矣，仁之熟也。

「視思明，聽思聰，色思温，貌思恭」，奚以思之哉？儼若思之謂也。旁行而不流，安止而幾，其功密矣夫！

恃一端之意知以天下嘗試之，强通其所不通，則私，故聖人毋意。即天下而盡其意知以確然于一，則公，故君子誠意。誠意者，實其意也，實體之之謂也。意虛則受邪。忽然與物感通，物投于未始有之中，斯受之矣。誠其意者，意實則邪無所容也。意受誠于心知，意皆心知之素而無孤行之意，故曰無意。愼獨者，君子加謹之功，善後以保其誠爾。後之學者，于心知無功，以無善無惡爲心知，不加正致之功。始專恃愼獨爲至要，遏之而不勝遏，危矣。即遏之已密，但還其虛，虛又受邪之壑，前者撲而後者熹矣。泰州之徒無能期月守者，不亦宜乎！

「欲修其身者先正其心」，聖學提綱之要也。「勿求于心」，告子迷惑之本也。不求之心，但求之意，後世學者之通病。蓋釋氏之説暗中之，以七識爲生死妄本。七識者，心也。此本一廢，則無君無父，皆所不忌。嗚呼！舍心不講，以誠意而爲玉鑰匙，危矣哉！求放心則全體立而大用行。若求放意，則迫束危殆，及其至也，逃于虛寂而已。

「默而成之，存乎德行。」故德不孤，必有鄰。灼然有其幾而不可以臆測，無他，理氣相涵，理入氣則氣從理也。理氣者，皆公也，未嘗有封畛也。知此，則亦知生死之説，存事没寧之道也。

「吉凶悔吝生于動。」畏凶悔吝而始戒心于動，求其坦蕩蕩也，能乎哉！

「神之格思，不可度思」，待平旦之氣而後好惡與人相近，危矣！危矣！不幸而僅有此，可不懼哉！

死生，晝夜也。「梏之反復，則夜氣不足以存」，故君子曰終，終則有始，天行也。小人曰死。

「浩然之氣直養而無害，則塞乎天地之閒。」塞乎天地之閒，則無可爲氣矜矣。閒來無事不從容，無可爲氣矜者也。

盡性以至于命。至于命，而後知性之善也。天下之疑，皆允乎人心者也。天下之變，皆順乎物則者也。何善如之哉！測性于一區，擬性于一時，所言者皆非性也，惡知善！

命曰降，性曰受。性者生之理，未死以前皆生也，皆降命受性之日也。初生而受性之量，日生而受性之真。爲胎元之説者，其人如陶器乎！

「成性存存」，存之又存，相仍不舍，故曰「維天之命，於穆不已」。命不已，性不息矣。謂生初之僅有者，方術家所謂胎元而已。

感而後應者，心得之餘也。無所感而應者，性之發也。無所感而興，若火之始然，泉之始達，然後感而動焉，其動必中，不立私以求感于天下矣。「寂然不動，感而遂通天下之故」，鬼謀也，天化也，非人道也。誠不必豫，待感而通，惟天則然。下此者，艸木禽蟲與有之，蓍龜之靈是也。

大匠之巧，莫有見其巧者也。無感之興，莫有見其興者也。「明發不寐，有懷二人」，尋過去也。「視于無形，聽于無聲」，豫未來也。舍其過去未來之心，則有親而不能事，況天下之亹亹者乎！

孩提之童之愛其親，親死而他人字之，則愛他人矣。孟子言不學不慮之中尚有此存，則學慮之充其知能者可知。斷章取此以爲真，而他皆妄，洵夏蟲之于冰也。

質以忠信爲美，德以好學爲極。絶學而游心于虛，吾不知之矣。導天下以棄其忠信，陸子静倡之也。

「天下何思何慮」，則天下之有無，非思慮之所能起滅，明矣。妄者猶惑焉。

「有不善未嘗不知」，豫也，「知而未嘗復行」，豫也。誠積于中，故合符而爽者覺。誠之者裕于用，故安驅而之善也輕。

聞善則遷，見過則改，損道也，而非益不能。無十朋之龜爲之寶鑑，則奚所遷而又惡得改之道哉！惘于道，則憚于改矣。

水之爲漚爲冰，激之而成，變之失其正也。漚冰之還爲水，和而釋也。人之生也，孰爲固有之質，激于氣化之變而成形！其死也，豈遇其和而得釋乎！君子之知生者，知良能之妙也。知死，知人道之化也。奚漚冰之足云！張子亦有漚冰之喻，朱子謂其近釋氏。

至于不可謂之爲無而後果無矣。既可曰無矣，則是有而無之也。因耳目不可得而見聞，遂躁言之曰無，從其小體而蔽也。善惡可得而見聞也，善惡之所自生不可得而見聞也，是以躁言之曰無善無惡也。

「我戰則克」，慎也。「祭則受福」，慎也。福者，禮成而敏，知神享之，君子以爲福莫大焉。慎于物，慎于儀，慎于心，志壹氣合，雝雝肅肅，不言而靡争，則禮成而敏，神斯享焉。疾風雷雨不作，災眚不生，氣志之感盛，孝子之養成矣。君子之所謂福也。若春秋所記仲遂、叔弓之卒，皆人變也。

事人，誠而已矣。「正己而無求于人」，誠也。誠斯上交不諂，下交不瀆。故子路問事鬼神，而夫子以事人告之。盡其敬愛，不妄冀求，必無非鬼而祭之諂，再三不告之瀆。無他，不以利害交鬼神而已。

道莫盛于趨時。富貴、貧賤、夷狄、患難極于俄傾之動静、云爲以與物接，莫不有自盡之道。時馳于前，不知乘以有功，逮其失而後繼之以悔，及其悔而當前之時又失矣。故悔者，終身于悔之道也。動悔有悔，終身于葛藟，往而即新，以盡其乾惕，然後得吉焉。故曰吉行，吉在行也。

「君子之過，如日月之食」，更新而趨時爾。以向者之過爲悔，于是而有遷就補綴之術，將終身而僅給一過也。

「人役而恥爲役。」「如恥之，莫如爲仁。」若子路人告之以有過則喜，善用其恥矣。夫唯不以悔累其心也。

于不可恥而恥，則移其良恥以從乎流俗，而恥蕩然矣。故曰知恥者知所恥也。

「一以貫之」，聖人久大之成也。「曲能有誠」，聖功專直之通也。未能即一，且求諸貫，貫則一矣。貫者，非可以思慮材力强推而通之也，尋繹其所已知，敦篤其所已能，以熟其仁，仁之熟則仁之全體現，仁之全體既現，則一也。

「羣龍無首」，故一積衆精以自强，無有遺也。有首焉，則首一矣，其餘不一也，然後以一貫之。不然者而强謂之然，不應者而妄億其應，佛、老以之，皆以一貫之之術也。

主静，以言乎其時也。主敬，以言乎其氣象也。主一，以言乎其量也。攝耳目之官以聽于心，盈氣以充志，旁行于理之所昭著而不流，雷雨之動滿盈而不先時以發，三者之同功也。

「天地之生人爲貴」，惟得五行敦厚之化，故無速見之慧。物之始生也，形之發知，皆疾于人，而其終也鈍。人則具體而儲其用，形之發知，視物而不疾也多矣，而其既也敏。孩提始知笑，旋知愛親，長始知言，旋知敬兄，命日新而性富有也。君子善養之，則耄期而受命。

程子謂「鷄雛可以觀仁」，觀天地化機之仁也。君子以之充仁之用而已。佛、老之初，皆立體而廢用。用既廢，則體亦無實。故其既也，體不立而一因乎用，莊生所謂「寓諸庸」，釋氏所謂「行起解滅」，是也。君子不廢用以立體，則致曲有誠。誠立而用自行。逮其用也，左右逢原而皆其真體。故知先行後之説，非所敢信也。説命曰：「非知之艱，惟行之難。」次第井然矣。

百物不廢，故懼以終始。于物有廢，偷安而小息，亦爲之欣然，學者之大害也。人欲暫淨，天理未還，介然而若脱于桎梏，其幾可乘，而息肩之心起矣，危矣哉！懼以終始，故憤；百物不廢，故樂。憤樂互行，陰陽之才各盡則和。和而後與道合體。

極深而研幾，有爲己、爲人之辨焉。深者，不聞不見之實也。幾者，隱微之獨也。極之而無閒，研之而審，則道盡于己而忠信立。忠信立，則志通而務成，爲己之效也。求天下之深而極之，迎天下之幾而研之，敝敝以爲人而喪己，逮其下流，欲無爲權謀術數之淵藪，不可得也。

言無我者，亦于我而言無我爾。如非有我，更孰從而無我乎！于我而言無我，其爲淫遁之辭可知。大抵非能無我，特欲釋性流情，恣輕安以出入爾。否則惰歸之氣，老未至而耄及之者也。公者，命也，理也，成之性也。我者，大公之理所凝也。吾爲之子，故事父。父子且然，況其他乎！故曰「萬物皆備于我」。有我之非私，審矣。迭爲賓主，亦饗舜，堯之無我也。春秋書歸鄆、讙、龜陰之田，自序其績，孔子之無我也。無我者，爲功名勢位而言也，聖人處物之大用也。于居德之體而言無我，則義不立而道迷。

有性之理，有性之德。性之理者，吾性之理即天地萬物之理，論其所自受，因天因物而仁義禮知渾然大公，不容以我私之也。性之德者，吾既得之于天而人道立，斯以統天而首出萬物，論其所既受，既在我矣，惟當體之知能爲不妄，而知仁勇之性情功效效乎志以爲撰，必實有我以受天地萬物之歸，無我則無所凝矣。言無我者，酌于此而後不徇辭以賊道。

「魚在于渚，或潛于淵」，逐物者不能得也。故君子爲己，而天下之理得矣。

耳目口體互相增長以爲好惡，則淫矣。淫于衆人之淫習，舍己而化之，則溺矣。耳目口體各止其所，節自具焉。不隨習以遷，欲其所欲，爲其所爲，有過則知，而節可見矣。「艮其背，不獲其身」，背非身也，不于身獲之。「行其庭，不見其人」，身非人也，不于人見之。能止其所遏惡之要也。循而持之，安而中節，耳順、從欲不踰矩，自此馴致。

己十九而非己也。天下善人恆少，不善人恆多。詖而淫，邪而遁，私欲私意，不出于頹而迭爲日新，喜其新而驚爲非常之美，驚喜移情，而遂據爲己之畛域，故曰「習與性成」。

苟能求其好惡之實而不爲物遷，雖不即復于禮，不遠矣。故曰「爲仁由己」。

佛、老之言，能動芻蕘而警之。然芻蕘可詢而佛、老不可詢，何也？「人之患，在好爲人師」，但好爲師，則無父無君，皆可不恤。芻蕘，無爲師之心也，以芻蕘視佛、老而奪其爲師之説，可也；片辭有採于其爲師之説，隱惡而揚善，不可也。隱惡揚善，則但得其爲師之邪，而不知用其芻蕘也。

不出于頞，一閒而已矣。舜與蹠之分，利與善之閒也。盡用其視聽心思于利害，則頞。超于利害，則如日月之明，離于重雲之中，光明赫然，不可涯量。

因得失而有利害。利害生而得失隱昏也。不昧于利害之始，則動微而吉先見，奚利害之足憂！馳驅于生死之塗，孰爲羿之彀中乎！

待物感之不交而後欲不妄，待聞見之不雜而後意不私，難矣哉！故爲二氏之學者，未有能守之終身者也。推而極之于其意之萌，未有能守之期月者也。

以天下而試吾説，玩人喪德之大者也。盡其才以應天下，發己自盡，循物無違，奚技倆之可試哉！

爲因物無心之教者，亦以天下而試吾無心之技倆者也。無所不用其極之謂密。密者，聖人之藏，異端竊之以爲詭秘。

氣者，理之依也。氣盛則理達。天積其健盛之氣，故秩敍條理，精密變化而日新。故天子之齊，日膳大牢，以充氣而達誠也。天地之産，皆精微茂美之氣所成。人取精以養生，莫非天也。氣之所自盛，誠之所自凝，理之所自給，推其所自來，皆天地精微茂美之化，其醞釀變化，初不喪其至善之用。釋氏斥之爲鼓粥飯氣，道家斥之爲後天之陰，悍而愚矣！

「先天而天弗違」，人道之功大矣哉！邵子乃反謂之後天。知見之所自生，非固有。非固有而自生者，日新之命也。原知見之自生，資于見聞。見聞之所得，因于天地之所昭著與人心之所先得。人心之所先得，自聖人以至于夫婦，皆氣化之良能也。能合古今人物爲一體者，知見之所得，皆天理之來復而非外至矣。故知見不可不立也，立其誠也。介然恃其初聞初見之知爲良能，以知見爲客感，所謂不出于熲者也，悲夫！

堯、舜、禹、湯、文、武、周、孔相師而道不同，無忌憚之小人不相師而所行若合符節。道理一而分殊。不學不慮，因意欲而行，則下流同歸也。謂東海西海此心此理之同者，吾知其所同矣。

上天下地曰宇，往古來今曰宙，雖然，莫爲之郛郭也。惟有郛郭者，則旁有質而中無實，謂之空洞可矣，宇宙其如是哉！宇宙者，積而成乎久大者也。二氣絪緼，知能不舍，故成乎久大。二氣絪緼而健順章，誠也。知能不舍而變合禪，誠之者也。謂之空洞而以虛室觸物之影爲良知，可乎！

不玩空而喪志，不玩物而驕德，信天地之生而敬之。言性道而能然者，鮮矣！

病則喜寂，哀則喜愍。喜者，陽之舒；寂愍者，陰之慘。陰勝而奪其陽，故所喜隨之而移于陰，非病與哀，則小人而已矣。「帝出乎震」，「震來虩虩，笑言啞啞」，樂在其中矣。故曰「吾未見剛者」。喜流于陰柔，而以呴沫爲仁，以空闃爲静者，皆女子小人之道也。

「形而下者謂之器」，器則老子所謂「當其無，有車器之用」也。君子之所貴者道也，以誠體物也，車器云乎哉！

無心而待用者，器而已矣。鏡與衡，皆器也，「君子不器」，而謂聖人之心如鏡空衡平，可乎！鏡能顯妍媸而不能藏往，衡能測輕重而隨物以輕重，本無故也。明其如日乎，繼明以照于四方也。平其如水乎，維心亨行險而不失其信也。繼，恒也。信，恒也。有恒者，聖功之藏也。

「道遠人則不仁」，張子。夫孰能遠人以爲道哉！楊、墨、佛、老皆言人也，誕而之于言天，亦言人也，特不仁而已矣。人者，生也。生者，有也。有者，誠也。禮明而樂備，教修而性顯，徹乎費隱而無不貫洽之謂仁。竊其未有之幾，舍會通之典禮，以邀變合往來之幾，斯之謂遠人已耳！

「謙亨，君子有終。」君子望道未見，而愛人不忍傷之，故能有終。小人欲取固與，柔遜卑屈以行其鉤致之術，則始于謙者，終于行師，謙不終矣。謙者，仁之不容已而或流于忍，故戒之。

先難則憤，後獲則樂，「地道無成」，順之至也。獲與否無所不順，其樂不改，則老將至而不衰。今之學者姚江之徒。速期一悟之獲幸，而獲其所獲，遂恣以佚樂。佚樂之流，報以兀⿰身危惰歸之慼，老未至而耄及之，其能免乎！

誠則形，形乃著明，有成形于中，規模條理未有而有，然後可著見而明示于天下。故雖視不可見，聽不可聞，而爲物之體歷然矣。當其形也，或謂之「言語道斷」，猶之可也；謂之「心行路絶」，可乎！心行路絶則無形，無形者，不誠者也。不誠，非妄而何！

「名之必可言」，言或有不可名者矣。「言之必可行」，行或有不容言者矣。能言乎名之所不得限，則修辭之誠盡矣。能行乎言之所不能至，則藏密之用備矣。至于行而無所不逮，行所不逮者，天也，非人之事也。天之事，行不逮而心喻之，心止矣，故盡心則知天。放其心于心行路絶者，舍心而下從乎意以遷流者也，志神氣交竭。其才篤實以發光煇，謂之盡心。

不識，無迹之可循，不能爲之名也。不知，不豫測其變也。知能日新，則前未有名者，禮緣義起。俟命不貳，則變不可知者，冥升不息。以斯而順帝之則，乃無不順也。識所不逮，義自喻焉，況其識乎！知所不豫，行且通焉，況其知乎！此文王之德之純也，非謂絀識泯知而後帝則可順也。

誠于爲，則天下之亹亹者皆能生吾之心。物，無非天象也。變，無非天化也。凶吉、得失、亨利、悔吝，無非天教也。或導之以順，或成之以逆，無不受天之詔。故曰「帝謂文王，無然畔援，無然歆羡」，誠于爲而已矣。

天繼，故善。聖人緝，故熙。人能有恒，則曲能有誠而形著明矣。能一能十，非才之美者也。能百能千而不厭不倦，其才不可及已。得天之健，故不倦。得地之順，故不厭。好學、力行、知恥皆秉此以爲德。其有恒者，生知安行者也。

吉凶成敗皆有自然之數，而非可以人力安排。淡于利欲者，廓其心于俯仰倚伏之閒而幾矣。乃見僅及此，而以億天理之皆然，遂以謂莫匪自然，而學問、思辨、篤行皆爲增益，而與天理不相應，是以利之心而測義也，陋矣！故人心不可以測天道，道心乃能知人道。言自然者雖極觀物知化之能，亦盡人心之用而已。盡其心者，盡道心也。

禹之治水，行其所無事，循乎地中，相其所歸，即以氾濫之水爲我用，以效濬滌之功。

若欲別鑿一空洞之壑以置水，而冀中國之長無水患，則勢必不能，徒妄而已，所謂鑿也。言性者舍固有之節文條理，鑿一無善無惡之區以爲此心之歸，詎不謂之鑿乎！鑿者必不能成，迨其狂決奰發，舍善而趨惡如崩，自然之勢也。

心浮乘于耳目而遺其本居，則從小體。心不舍其居而施光煇于耳目，則從大體。雖從大體，不遺小體，非猶從小體者之遺大體也。

天不言，物不言，其相授受，以法象相示而已。形聲者，物之法象也。聖人體天以爲化，故欲無言。言者，人之大用也，紹天有力而異乎物者也。子貢求盡人道，故曰「子如不言，則小子何述焉」。豎指搖拂，目擊道存者，吾不知之矣。

子孫，體之傳也。言，行之迹，氣之傳也。心之陟降，理之傳也。三者各有以傳之，無戕賊污蝕之，全而歸之者也。

但爲魂，則必變矣。魂日游而日有所變，乃欲拘其魂而使勿變，魏伯陽、張平叔之鄙也，其可得乎！魂之游變，非特死也，死者游之終爾。故鬼神之事，吾之與之也多矣，災祥、險易、善惡、通否日生于天地之閒者，我恒與之矣。唯居大位、志至道者，爲尤盛焉。

「惠迪吉，從逆凶」之不差，居天下之廣居者如視諸掌。欲速見小者不能知爾。習氣熏然充滿于人閒，皆吾思齊自省之大用，用大則體非妄可知。勿以厭惡之心當之，則心洗而藏密矣。「三人行必有我師」，非聖人灼知天地充塞無閒之理，不云爾也。

无妄，災也。災而无妄，孰爲妄哉！故孟子言好色好貨於王何有。眚且不妄，而況災乎！誠者，天之道也，無變而不正也，存乎誠之者爾。

「形色，天性也」，故身體髮膚不敢毀傷，毀則滅性以戕天矣。知之，始有端；志之，始有定；行之，始有立。其植不厚而以速成期之，則必爲似忠似信似廉潔者所摇，仁依姑息，義依曲謹，禮依便僻，知依纖察。天性之善，皆能培栽而覆傾，如物之始蒙，勿但憂其稚弱，正恐欲速成而依非其類，則和風甘雨亦能爲之傷，故曰「蒙以養正」。養之正者，學以聚之，問以辨之，寬以居之，仁以行之，則能不依流俗之毀譽，異端之神變，以期速獲而喪其先難，故曰「利禦寇」。

「默而成之」，樂也。「不言而信」，禮也。樂存乎德，禮存乎行，而樂以養德，禮以敦行，禮樂德行，相爲終始。故君子之于禮樂，不以斯須去身。然則無禮之則而言尚行，無樂之意而言養德者，其爲異端可知已。

知崇法天，天道必下濟而光明。禮卑法地，或從王事，則知光大與天絜矣。天一而人之言之者三：有自其與地相絪緼化成而言者，有自清晶以施光明于地而言者，有以空洞無質與地殊絶而言者。與地殊絶而空洞無質，詎可以知法乎！法其與地絪緼成化者以爲知，其不離乎禮固已。即其清晶以施光明于地者，亦必得地而光明始凝以顯。不然，如置燈燭于遼廓之所，不特遠無所麗，即咫尺之内亦以散而昏。彼無所麗而言良知者，吾見其咫尺之内散而昏也。

知者，知禮者也。禮者，履其知也。履其知而禮皆中節，知禮則精義入神，日進于高明而不窮。故天地交而泰，天地不交而否。是以爲良知之説者，物我相拒，初終相反，心行相戾，否道也。

「苟志于仁矣，無惡也。」物之感，己之欲，各歸其所，則皆見其順而不踰矩，奚惡之有！灼然見其無惡，則推之好勇、好貨、好色而皆可善，無有所謂惡也。疑惡之所自生以疑性者，從惡而測之爾。志于仁而無惡，安有惡之所從生而别爲一本哉！

言性之善，言其無惡也。既無有惡，則粹然一善而已矣。

有善者，性之體也。無惡者，性之用也。

從善而視之，見性之無惡，則充實而不雜者顯矣。從無惡而視之，則將見性之無善，而充實之體墮矣。故必志于仁，而後無惡。誠，無惡也，皆善也。

苟志于仁則無惡，苟志于不仁則無善，此言性者之疑也。乃志于仁者反諸己而從其源也，志于不仁者逐于物而從其流也。體驗乃實知之。夫性之己而非物、源而非流也明矣，奚得謂性之無善哉！

氣質之偏，則善隱而不易發，微而不克昌者有之矣，未有雜惡于其中者也。何也？天下固無惡也，志于仁則知之。

五行無相剋之理，言剋者，術家之膚見也。五行之神不相悖害，木神仁，火神禮，土神信，金神義，水神知。充塞乎天地之閒，人心其尤著者也。故太虛無虛，人心無無。

得五行之和氣，則能備美而力差弱。得五行之專氣，則不能備美而力較健。伯夷、伊尹、柳下惠不能備美而亦聖。五行各太極，雖專而猶相爲備，故致曲而能有誠。氣質之偏，奚足以爲性病哉！

「乘六龍以御天」，位易而龍不易也，乘之者不易也。「博學而詳説之以反約」，則潛見躍飛，皆取諸源而給之，奚隨時而無適守乎！此之不審，于是無本之學託于乘時觀化以逃刑而邀利，其説中于人心，而末流不可問也。

天德不可爲首，無非首也，故「博學而詳説之以反説約」。學以聚之，問以辨之，寬以居之，仁以行之，不執一以貫萬，乃可行乎變化而龍德全也。

統此一物，形而上則謂之道，形而下則謂之器，無非一陰一陽之和而成。盡器則道在其中矣。

聖人之所不知不能者，器也。夫婦之所與知與能者，道也。故盡器難矣，盡器則道無不貫。盡道所以審器，知至于盡器，能至于踐形，德盛矣哉！

「一陰一陽之謂道」，不可云二也。自其合則一，自其分則多寡隨乎時位，繁賾細密而不可破，亹亹而不窮，天下之數不足以紀之。參差裒益，莫知其畛，乃見一陰一陽之云，遂判然分而爲二，隨而倍之，瓜分縷析，謂皆有成數之不易，將無執與！

「繼之者善也」，善則隨多寡損益以皆適矣。「成之者性也」，性則渾然一體而無形埒之分矣。

以數言理，但不于吉凶、成敗、死生言之則得。以數言吉凶、成敗、死生，喻義乎，喻利乎？吾不知之也。

「成章而後達。」成章者，不雜也，不黯也。「言顧行，行顧言」，則不雜；「較然易知而易從」，則不黯。異端者始末倏忽，自救其弊以無恒，人莫能執其首尾，行所不可逮而姑爲之言説，終身而不得成其章，奚望達乎！

德成而驕，非其德矣。道廣而同，非其道矣。「泰而不驕，和而不同」，君子之守也。「惟精惟一，允執其中」，至矣，而申之以「無稽之言勿聽，弗詢之謀勿庸」。酌行四代之禮樂，盛矣，而申之以「放鄭聲，遠佞人」。聖人洗心退藏而與民同患。邪説佞人，移易心志，凡民之公患也，聖人不敢不以爲患。若厖然自大，謂道無不容，三教百家可合而爲一治，亦無忌憚矣哉！

謂井田、封建、肉刑之不可行者，不知道也。謂其必可行者，不知德也。勇于德則道凝，勇于道則道爲天下病矣。德之不勇，褐寬博且將惴焉，況天下之大乎！

所欲與聚，所惡勿施，然匹夫匹婦，欲速見小，習氣之所流，類于公好公惡而非其實，正于君子而裁成之。非王者起，必世而仁，習氣所扇，天下貿貿然胥欲而胥惡之，如暴潦之横集，不待其歸壑而與俱氾濫，迷復之凶，其可長乎！是故有公理，無公欲，公欲者習氣之妄也。不擇于此，則胡廣、譙周、馮道亦順一時之人情，將有謂其因時順民如李贄者矣，酷矣哉！

性者善之藏，才者善之用。用皆因體而得，而用不足以盡，故窮。才有或窮，而誠無不察。于才之窮，不廢其誠，則性盡矣。「多聞闕疑，多見闕殆」，「有馬者借人乘之」，借猶請也，謂有馬而自不能御，則請善御者爲調習，不强所不能以僥幸，玩「之」字可見。皆不詘誠以就才也。充其類，則知盡性者之不窮于誠矣。

「不屑之教誨，是亦教誨之。」教誨之道有在，不屑者默而成之，卷而懷之，以保天地之正，使人心尚知有其不知而不逮，亦扶世教之一道也。釋氏不擇知、愚、賢、不肖而皆指使之見性，故道賤，而託之者之惡不可紀極，而況姚樞、許衡之自爲枉辱哉！

「居處恭，執事敬，與人忠，雖之夷狄不可棄」，自盡之道也。「不可與言而不言」，衞道之正也。「不可與言而與之言」，必且曲道以徇之，何以回天而俟後乎！

思問録外篇

衡陽王夫之譔

繪太極圖，無已而繪一圓圈爾，非有匡郭也。如繪珠之與繪環無以異，實則珠環懸殊矣。珠無中邊之别，太極雖虚而理氣充凝，亦無内外虚實之異。從來説者竟作一圓圈，圍二殊五行于中，悖矣。此理氣遇方則方，遇圓則圓，或大或小，絪緼變化，初無定質，無已而以圓寫之者，取其不滯而已。王充謂從遠觀火，但見其圓，亦此理也。

太極第二圖，東有坎，西有離，頗與玄家畢月烏、房日兔、龍吞虎髓、虎吸龍精之説相類，所謂互藏其宅也。世傳周子得之于陳圖南，愚意陳所傳者此一圖，而上下四圖則周子以其心得者益之，非陳所及也。

立之于前而視其面，在吾之左者，彼之右也，彼自有定方，與吾相反。太極圖位陰静于吾之右，彼之左也；陽動于吾之左，彼之右也。初不得其解，以實求之，圖有五重，從上而下。今以此圖首北趾南，順而懸之，從下窺之，則陽東陰西，其位不易矣。

「動極而静，静極復動。」所謂「動極」、「静極」者，言動静乎此太極也。如以極至言之，則兩間之化，人事之幾，往來吉凶，生殺善敗，固有極其至而後反者，而豈皆極其至而後反哉！周易六十四卦，三十六體，或錯或綜，疾相往復，方動即靜，方靜旋動，靜即含動，動不舍靜，善體天地之化者，未有不如此者也。待動之極而後靜，待靜之極而後動，其極也唯恐不甚，其反也厚集而怒報之，則天地之情，前之不恤其過，後之褊迫以取償，兩間日構而未有寧矣。此殆夫以細人之衷測道者與！

治亂循環，一陰陽動靜之幾也。今云亂極而治，猶可言也；借曰治極而亂，其可乎？方亂而治，亂若生于治極，則堯、舜、禹之相承，治已極矣，胡弗即報以永嘉、靖康之禍乎？方亂而治，人生治法未亡，乃治。方治而亂，人生治法弛，乃亂。陰陽動靜，固莫不然。陽含靜德，故方動而靜。陰儲動能，故方靜而動。故曰「動靜無端」。待其極至而後大反，則有端矣。

邵子雷從何方起之問，竊疑非邵子之言也。雷從于百里内外耳，假令此土聞雷從震方起，更在其東者即聞從兑方起矣，有一定之方可測哉？

筮以歸奇志奇偶，簡便法爾。易曰，「歸奇于扐以象閏。」曆之有閏，通法而非成法，歸奇亦通法也。歸奇之有十三、十七、二十一、二十五，胥于法象蔑當也，必過揲乎！過揲之三十六，九也；三十二，八也；二十八，七也；二十四，六也。七、八、九、六上生下生，四象備矣。舍此而以歸奇紀數，吾不知也。老陰之歸奇二十五，爲數最多，老陽之歸奇十三，爲數最少，豈陰樂施而有餘，陽吝與而不足乎？ 至以四爲奇，九爲偶，尤非待審求而後知其不然也。

純乾，老陽之象也，六位各⚊，以天道參之，以地道兩之，每畫之數六，六其六，三十六也。 純坤，老陰之象也，六位各⚋，以陽爻擬之，三分而中缺其一，左右各得二爲四，六其四，二十四也。 陽之⚊爲一，爲三，陰⚋二陽，更加中⚊爲三。 爲六。 陰之⚋爲三之二，爲六之四。 陽實有餘，陰虚不足，象數皆然。 故紀筮之奇偶，必以過揲爲正。

黄鐘之律九九八十一，自古傳之，未有易也。 閩中李文利者，竊呂覽不經之説，爲三寸九分之言，而近人亟稱之，惑矣！ 夫所謂吹律者，非取律管而吹之也；以律爲長短、厚薄、大小之則準，以作簫管笙竽而吹之也。 且非徒吹之也，金、石、土、革、木搏拊戛擊之音，形模之厚薄、長短、輕重、大小，絲之多寡，一準乎律，言吹者，統詞耳。 文利之愚，以謂管長則聲清，管短則聲濁，黄鐘以弘大爲諸律君，故其管必短。 乃長者大稱之，短者小稱之，長大濁，短小清，較然易知，彼惛而不察耳。 今俗有所謂管子、刺八、瑣拿、畫角，長短清濁具在，文利雖喙長三尺，其能辨此哉！ 若洞簫之長而清，則狹故也。 使黄鐘之長三寸九分，則圍亦三寸九分，徑一寸三分，狹于諸律，清細必甚。 況乎律管者，無有旁竅，頑重不舒，固不成響，亦何從而測其清濁哉！ 且使黄鐘之竹三寸九分，則黄鐘之絲亦三十九絲，金石之製俱必極乎短小輕薄，革屬腔棬必小，音之幺細，不問而知矣。乃黄鐘者，統衆聲以爲君者。小不可以統大，薄不可以統厚，短不可以統長，一定之理也。今欲以極乎小薄短輕者入衆樂而君長之，其爲餘律所奪，且不可以自宣，而奚以統之邪！故應鐘之律，極乎短者也，以之爲宫，則必用黄鐘變宫之半，而不敢還用黄鐘，畏其偪也。使其爲三寸九分，則諸律可以役之而不憂其偪，何云諸律之不敢役乎！且天下之數，減也有涯而增也無涯。減而不已，則視不成形，聽不成聲，人未有用之者矣。故立乎長大重厚以制不踰之節，漸減之則可，至于不可減而止。如使立于短小輕薄以爲之制而漸增之，則愈增無已，而形愈著，聲愈宣，復奚從而限之乎！而古之聖人，極乎長大厚重之數至黄鐘而止，爲之不可增，以止其淫也。由是而遞減之，至應鐘之變宫四寸六分七毫四絲三忽一初四秒而止。又或用其半，至無射之二寸四分四釐二毫四絲而止。下此則金薄而裂，竹短而瘖，絲弱而脆，革小而不受桴，雖有欲更減者，無得而減也。藉令由三寸九分以漸而增之，雖至于無窮之長大厚重而不可復止矣。樂記曰，樂主乎盈，盈而反。黄鐘，盈也，其損而爲十一律，反也。舍聖經而徇吕覽一曲之言，亦惡足與論是非哉！

太極圖，以象著天地之化也。易曰「天一地二，天三地四，天五地六，天七地八，天九地十」，以數紀天地之化也，可言皆化也。天地之體，象無不備，數無有量。不可擬議者，天一非獨，九亦非衆，地二非寡，十亦非賾。先儒言洪範五行之序，謂水最微，土最著，尚測度之言耳。聚則謂之少，散則謂之多。一，最聚者也。十，最散者也。氣至聚而水生，次聚而火生，木金又次之，土最散者也。是以塊然鈍處，而無鋭往旁行堅津之用。數極其散而化，亦漸向于惰歸矣。九聚則一也，十聚則二也，天地之數，聚散而已矣，其實均也。

潤下作鹹，炎上作苦，曲直作酸，從革作辛，稼穡作甘。作者，用也。五味成于五行之發用，非五行之固有此味也。執水、火、木、金、土而求味，金何嘗辛，土何嘗甘，木兼五味，豈僅酸乎！稼之穡之，土所作也，若夫稼穡則木也。以木之甘言土，言其致用者可知已。區區以海水成鹽，煮焦成苦徵之，亦致遠恐泥之説。況云兩木相摩則齒酸，金傷肌則辛痛，求味于舌而不得，求之耳聞，又求之膚肉，不亦誕乎！

天地之德不易，而天地之化日新。今日之風雷非昨日之風雷，是以知今日之日月非昨日之日月也。風同氣，雷同聲，月同魄，日同明，一也。抑以知今日之官骸非昨日之官骸，視聽同喻，觸覺同知耳，皆以其德之不易者類聚而化相符也。其屈而消，即鬼也；伸而息，則神也。神則生，鬼則死。消之也速而息不給于相繼，則夭而死。守其故物而不能日新，雖其未消，亦槁而死。不能待其消之已盡而已死，則未消者槁。故曰「日新之謂盛德」，豈特莊生藏舟之説爲然哉！

已消者，皆鬼也。且息者，皆神也。然則自吾有生以至今日，其爲鬼于天壤也多矣。已消者已鬼矣，且息者固神也，則吾今日未有明日之吾，而能有明日之吾者不遠矣。以化言之，亦與父母未生以前一而已矣。盈天地之間，絪緼化醇，皆吾本來面目也。其幾，氣也。其神，理也。釋氏交臂失之而冥搜索之，愚矣哉！

其化也速則消之速，其化也遲則以時消者亦以時息也。故倉公謂「洞下之藥爲火齊」，五行之化，唯火爲速，大黄、芩、連、梔、檗之類，皆火齊也，能疾引人水穀之滋、膏液之澤而化之。方書謂其性寒者，非也。火挾火以速去，則府藏之閒有餘者清以適，不足者枵以寒，遂因而謂之寒。可謂其用寒，不可謂其性寒也。嗚呼！不知性者之不以用爲性，鮮矣！天地之命人物也，有性，有材，有用。或順而致，或逆而成，或曲而就。牛之任耕，馬之任乘，材也。天地之補，梔、檗、芩、連之瀉，用也。牛不以不任耕、馬不以不任乘而失其心理之安。地黄、巴戟天之黑而潤，受之于水。梔、檗、芩、連之赤而燥，受之于火。乃胥謂其性固然，豈知性者哉！

藥食不終留于人之府藏，化遲則益，化速則損。火鬱而有餘者不消，則需損耳。損者，非徒其自化之速不能致養，抑引所與爲類者而俱速。故梔、檗以其火引火而速去，半夏、南星以其滑液引人之液而速去，謂梔、檗涼，半夏、南星燥者，猶墨吏貧人之國，而謂墨吏貧也。

内經云：「寒之中人，巨陽先受之。」方術之士不知其説，謂膀胱之爲府也薄，寒易入焉。夫纊絮之厚以禦服之者之寒，豈自禦乎！膀胱中虚，將誰禦乎！府藏之位，肺最居上，膀胱最下。肺捷通于咽，膀胱捷通于陰竅。涼自上入，肺先受之。寒自下生，膀胱先受之。故感涼而齁欬必中于手太陰，感寒而炅熱必中于足太陽。姤之二，所以爲包有魚，夬之五所以爲莧陸夬夬也。故力未足以閑邪者，莫如遠邪。

易言「先音霰。天而天弗違，後天而奉天時」，以聖人之德業而言，非謂天之有先後也。天純一而無閒，不因物之已生、未生而有殊，何先後之有哉！先天、後天之説始于玄家，以天地生物之氣爲先天，以水火土穀之滋所生之氣爲後天，故有後天氣接先天氣之説。此區區養生之瑣論爾，其説亦時竊易之卦象附會之。而邵子于易亦循之，而有先後天之辨，雖與魏、徐、吕、張諸黄冠之言氣者不同，而以天地之自然爲先天，事物之流行爲後天，則抑暗用其説矣。夫伏羲畫卦，即爲筮用，吉凶大業，皆由此出。文王亦循而用之爾，豈伏羲無所與於人謀，而文王略天道而不之體乎！邵子之學，詳于言自然之運數，而略人事之調燮，其末流之弊，遂爲術士射覆之資，要其源，則先天二字啓之也。胡文定曰：「伏羲氏，後天者也。」一語可以破千秋之妄矣。

河圖出，聖人則之以畫八卦。則者，則其象也。上下，乾、坤也。一、五、七，乾也；六、十、二，坤也。乾盡乎極南而不至乎極北，坤生乎極北而不底乎極南，乾皆上而坤皆下也，故曰「天地定位，上下奠也」。左、右，坎、離也。八、三、十，坎也，位乎右不至乎左。九、四、五，離也，位乎左不至乎右。中五與十互相函焉，以止而不相踰，故曰「水火不相射」。一、三、二，兑也。二、四、一，艮也。一、二互用，參三、四而成艮、兑，故曰「山澤通氣」。兑生乎二，故位南東。艮成乎二，故位南西。艮、兑在中，少者處内也，而數極乎少，少則少也。九、六、八，震也。八、七、九，巽也。八、九互用參，六、七而震、巽成。震自西而北而東，巽自東而南而西，有相迫逐之象焉，故曰「雷風相薄」。震成乎八，故位東北。巽成乎九，故位西南。震、巽在外，長者處外也，而數極乎多，多則長也。朱子曰「析四方之合以爲乾、坤、坎、離，補四隅之空以爲兑、巽、震、艮」，亦此謂與！

河圖明列八卦之象，而無當于洪範。洛書順布九疇之敍，說見尚書稗疏。而無肖于易。劉牧託陳摶之説而倒易之，其妄明甚。牧以書爲圖者，其意以謂河圖先天之理，洛書後天之事，而玄家所云「東三南二還成五，北一西方四共之」，正用洛書之象而以後天爲嫌，因易之爲河圖以自旌其先天爾，狂愚不可瘳哉！

曆家之言，天左旋，日、月、五星右轉，爲天所運，人見其左耳。天日左行一周，日日右行一度。月日右行十三度十九分度之七。五星之行，金、水最速，歲一小周；火次之，二歲而一周；木次之，十二歲而一周，故謂之歲星；土最遲，二十八歲而始一周。而儒家之說非之，謂曆家之以右轉起算，從其簡而逆數之耳。日陽月陰，陰之行不宜踰陽，日、月、五行皆左旋也。天日一周而過一度，天行健也。日日行一周天，不及天一度。月日行三百五十二度十九分度之十六七十五秒，秒母百。不及天十三度十九分度之七。其說始于張子，而朱子韙之。夫七曜之行，或隨天左行，見其不及；或迎天右轉，見其所差：從下而窺之，未可辨也。張子據理而論，伸日以抑月，初無象之可據，唯陽健陰弱之理而已。乃理自天出，在天者即爲理，非可執人之理以強使天從之也。理一而用不齊，陽剛宜速，陰柔宜緩，亦理之一端耳。而謂凡理之必然，以齊其不齊之用，又奚可哉！且以理而求日、月，則亦當以理而求五星。日、月隨天而左，則五星亦左矣。今以右轉言之，則莫疾于金、水而莫遲于土。若以左旋言之，則是鎮星日行一周而又過乎周天者二十八分度之二十七矣。謂天行健而過，土亦行健而過乎！是七曜之行，土最疾，木次之，火次之，金、水、日又次之，其劣于行者唯月而已。金、水與日並驅而火、木、土皆踰于日，此于日行最速、太陽健行之說又何以解邪！日，夫也。月，妻也。妻讓夫，得矣。日、月，父母也。五星，子也。子疾行而先父，又豈理哉！陰之成形，凝重而不敏于行者，莫土若也。土最敏而月最鈍，抑又何所取乎！故以理言，天未有不窮者也。姑無已而以理言，日，火之精；月，水之精也。三峽之流，晨夕千里。燎原之火，彌日而不踰乎一舍。五行之序，水微而火著，土尤著者也。微者輕疾，著者重遲，土愈著而愈鈍矣。抑水有質，火無質，日、月非有情于行，固不自行，大氣運之也。有質者易運，無質者難運，難易之分，疾徐因之。陽火喜紆，而陰水怒決，陰之不必遲鈍于陽，明矣。然此姑就理言之，以折陽疾陰遲之論耳。若夫天之不可以理求，而在天者即爲理。故五緯之疾遲，水、金、火、木、土以爲序，不必與五行之序合，況木以十二歲一周，歲歷一次，故謂之歲星，使其左旋，則亦一日一周天，無所取義于歲矣。以心取理，執理論天，不如師成憲之爲得也。

謂日行當敏，月行當鈍，東西之度既爾，南北之道何獨不然！乃日之發斂也，黄道一歲而一終，自冬至至于夏至，百八十二日六千二百一十二分半，始歷四十七度八千六十分。授時曆法。若月之發斂也，二十七日二千一百二十二分二十四秒，南出乎黄道之南，北出乎黄道之北者五度十七分有奇，蓋不及乎一歲者，十一日四千五百三十二分有奇而已。十三經天矣，其自最北以至最南，纔十三日六千六十一分一十二秒，而已過乎太陽一百八十二日六千二百一十二分半所歷之道，則是太陰南北行之疾于日者十三倍三十六分八十七秒半。南北發斂，月疾于日既無可疑，而獨于東西之行，必屈爲説以伸日而抑月，抑爲不知通矣！

遠鏡質測之法，月最居下，金、水次之，日次之，火次之，木次之，土最居上。蓋凡行者必有所憑，憑實則速，憑虚則遲。氣漸高則漸益清微，而憑之以行者亦漸無力。故近下者行速，高則漸緩。月之二十七日三十一刻新法大略。而一周，土星之二十九年一百五日有奇亦新法大略。而一周，實有其理，而爲右轉亡疑已。西洋曆家既能測知七曜遠近之實，而又竊張子左旋之説以相雜立論，蓋西夷之可取者，唯遠近測法一術，其他則皆剽襲中國之緒餘，而無通理之可守也。

古之建侯者，有定土疆而無定爵。宋，公也，秦，伯也，而微仲、秦仲以字稱，是二君之爵視大夫耳。齊，侯也，而丁公稱公，當周制初定之時，應無僭諡，則嘗進爵而公矣。春秋進退諸侯，用周道爾，非若綱目「莽大夫」之爲創筆也。

其君從苟簡而用夷禮，其國之俗未改，則狄其君，不狄其國。故滕、杞稱子而國不以號舉。其政教風俗化于夷，而君不降禮，則狄其國，不狄其君。故秦不貶其伯而以號舉。吴、楚、越兩用之，盡乎夷之辭，以其禮壞而俗惡也。

未濟，男之終也。歸妹，女之窮也。緣此二卦中，四用爻皆失其位，而未濟初陰而上陽，歸妹初陽而上陰。上者，終窮之位也，離乎初則不能生，至乎上則無所往矣。周易以未濟終，京房所傳卦變以歸妹終，蓋取諸此。乃以循環之理言之，陽終而復之以陽，化之所以不息；陰窮而復之以陽，則陰之絶已曠矣。故未濟可以再起乾，而歸妹不能。此周易之所以非京房之得與也。

京房八宫六十四卦，整齊對待，一倍分明。邵子所傳先天方圖、蔡九峯九九數圖皆然。要之，天地間無有如此整齊者，唯人爲所作則有然耳。圜而可規，方而可矩，皆人爲之巧，自然生物未有如此者也。易曰：「周流六虚，不可爲典要。」可典可要，則形窮于視，聲窮于聽，即不能體物而不遺矣。唯聖人而後能窮神以知化。

唯易兼十數，而參差用之：太極，一也。奇偶，二也。三畫而小成，三也。揲以四，四也。大衍之數五十，五也。六位，六也。其用四十有九，七也。八卦，八也。乾坤之策三百六十，九也。十雖不用，而一即十也。不倚于一數而無不用，斯以範圍天地而不過。太玄用三，皇極經世用四，潛虚用五，洪範皇極用九，固不可謂三、四、五、九非天地之數，然用其一，廢其餘，致之也固而太過，廢之也曠而不及，宜其乍合而多爽也。

皇極經世之旨，盡于朱子「破作兩片」之語，謂天下無不相對待者耳。乃陰陽之與剛柔，太之與少，豈相對待者乎？陰陽，氣也。剛柔，質也。有是氣則成是質，有是質則具是氣，其可析乎！析之則質爲死形，而氣爲游氣矣。少即太之稚也，太即少之老也，將一人之生，老少稱爲二人乎？自稚至老，漸移而無分晝之涯際，將以何一日焉爲少之終而老之始乎？故兩片四片之説，猜量比擬，非自然之理也。

乾坤之策三百六十，當期之數，去氣盈朔虚不入數中，亦言其大概耳。當者，髣髴之辭也，猶云萬一千五百二十當萬物之數，非必物之數恰如此而無餘欠也。既然，則數非一定，固不可奉爲一定之母以相乘相積矣。月之有閏，日之有氣盈朔虚，俱割棄之，其母不真，則其積之所差必甚。經世數十二之，又三十之，但據一年之月、一月之日以爲之母。自四千三百二十以放于坤數之至賾，其所差者以十萬計。是市儈家收七去三之術也，而以限天地積微成章之化，其足憑乎！

京房卦氣之説立，而後之言理數者一因之。邵子先天圓圖，蔡九峯九九圓圖，皆此術耳。揚雄太玄亦但如之。以卦氣治曆，且粗疏而不審，況欲推之物理乎！參同契亦用卦氣，而精于其術者且有活子時、活冬至之説，明乎以曆配合之不親也。何諸先生之墨守之也！邵子據「數往者順、知來者逆」之説以爲卦序，乃自其圓圖觀之，自復起午中至坤爲子半，皆左旋順行，未嘗有所謂逆也。九峯分八十一爲八節，每節得十，而冬至獨得十一，亦與太玄贊立、踦贏二贊均皆無可奈何而姑爲安頓也。

宋熙寧中有鄭夬者，著書談易變，曰：「坤一變生復，得一陽；二變生臨，得二陽；

三變生泰，得四陽；　四變生大壯，得八陽；　五變生夬，得十六陽；　六變生歸妹，此當云生漸，傳寫之誤。　得三十二陽。　乾一變生姤，得一陰；　二變生遯，得二陰；　三變生否，得四陰；　四變生觀，得八陰；　五變生剥，得十六陰；　六變生歸妹，得三十二陰。」同時有秦玠者，附會豔稱之，謂其洩天地之藏，爲鬼神所譴。成、弘中，桑通判悦矜傳以爲神秘。皆所謂一隅窺天者耳。其云二、四、八、十六、三十二者，謂其所成之卦也。一陽卦即復也。一陰卦即姤也。得者謂其既得也。二陽卦，復、師也。二陰卦，姤、同人也。四陽卦，復、師、臨、升也。四陰卦，姤、同人、遯、无妄也。以次上變，上下推移，則三十二卦各成，而備乎六十四矣。其説亦卦氣之流耳，何所盡于天地之藏，而玠與悦乃爲之大言不慚至是邪！三十二卦陰，三十二卦陽，又即邵子「一破兩片」之旨，乃玠又云「西都邵雍所不能知」，不亦誣乎！　夬又曰：「乾、坤，大父母也。復、姤，小父母也。」則邵子亦嘗言之矣。父母而有二，是二本矣。以復、姤爲小父母者，自其交構而言之，玄家最下之説也。且以一陽施於陰中謂之父，似矣；　一陰入陽中謂之母，其于施受翕闢多寡之義，豈不悖哉！　故易曰，「復其見天地之心」，天施地生，父母之道皆于復見之。一陽，父也。五陰，母也。姤者殺之始，何足以爲萬物之母哉！　故姤之彖曰「勿用取女」，初六曰「羸豕孚蹢躅」，其不足以當母儀明矣。

水生木，一生三也，則老子一生二之説不行矣。木生火，三生二也，則老子二生三之説不行矣。火生土，二生五也，土生金，五生四也，則邵子二生四之説不行矣。金生水，四生一也，則邵子四生八之説不行矣。天地之化，迭相損益以上下其生，律吕肖之，而微有變通，要非自聚而散，以之于多而不可卷；自散嚮聚，以之于少而不可舒也。

五行生克之説，但言其氣之變通，性之互成耳，非生者果如父母，克者果如仇敵也。克，能也，制也，效能于彼，制而成之。術家以克者爲官，所克者爲妻，尚不失此旨。醫家泥于其説，遂將謂脾强則妨腎，腎强則妨心，心强則妨肺，肺强則妨肝，肝强則妨脾，豈人之府藏，日構怨于胸中，得勢以驕而即相凌奪乎！懸坐以必争之勢，而瀉彼以補此，其不爲元氣之賊也幾何哉！

證金克木，以刃之伐木；則水漬火焚不當壞木矣。證木克土，以艸樹之根蝕土；則凡孳息其中者皆傷彼者乎！土致養于艸樹，猶乳子也，子乳于母，豈刑母邪！證土克水，以土之堙水則不流；是鯀得順五行之性，而何云汩亂！土壅水，水必決，土劣于水明矣。證水克火，以水之熄火；乃火亦熯水矣，非水之定勝也。且火入水中而成湯，彼此相函而固不相害也。證火克金，以冶中之銷鑠；曾不知火煬金流，流已而固無損，固不似土壅水漬之能蝕金也。凡爲彼説，皆成戲論，非窮物理者之所當信。故曰克，能也，致能于彼而互相成也。天地之化，其消其息，不可以形迹之增損成毁測之。有息之而乃以消之者，有消之而乃以息之者，無有故常而藏用密。是故化無恩怨，而天地不憂，奈何其以攻取之情測之！

水之爲體最微，而其爲利害最大。要其所爲利者，即其所爲害也。愚嘗謂不貪水之利，則不受水之害，以黄河漕者，進寇于庭而資其刃以割雞也。吾鄉大司馬劉舜咨先生所著河議，言之娓娓矣，乃天子都燕，則漕必資河。以要言之，燕固不可爲天子之都。無粟而懸命于遠漕，又因之以益河患，豈仁且知者之所擇處哉！以都燕爲天子自守邊，尤其悖者。獨不聞孤注之説乎？西周扼西陲而北狄日逼，東遷以後，委之秦而有餘。彌與之近，則覬覦之心彌劇，黷而忮也。黷忮動于寇心，而孤注之勢又成，不亦危乎！天子所恃以威四夷者，太上以道，其次以略，未聞恃一身兩臂之力也。徒然率六軍而望哺于萬里，以導河而爲兖、徐憂，自非金源、蒙古之習處苦寒，何爲戀此哉！

「郊以事天，社以事地」，禮有明文，古無伉地于天而郊之之禮。天之德德，地之德養。德以立性，養以適情。故人皆養于地而不敢伉之以同于天，貴德而賤養，崇性而替情也。人同性也，物各養也，故無可分之天而有可分之地。天主氣，渾淪一氣而無疆埒。地主形，居其壤，食其毛，其地之人即其人之地矣。是以惟天子統天下而後祀天。若夫地，則天子社之，諸侯社之，大夫以至庶人各有置社，無不可祀也。無不可祀，而天子又奚郊邪！天子、諸侯自立社，又爲民立社。自立社者，無異于民之自社也。爲民立社，天子止社其畿内而不及侯國，諸侯社其國中而不及境外，分土之義也，性統萬物而養各有方也。地主形，形有廣狹而祀因之，形有崇卑大小而秩因之，故五嶽四瀆，秩隆于社。今乃創立皇地祇至尊之秩，而嶽瀆從祀，則不知所謂地祇者何也，豈概九州而統此一祇乎！山澤異形，燥溼異形，墳埴異形，壚黎異形，艸穀異産，人物異質，則其神亦異矣，而强括之以一，是爲皇地之名者，誣亦甚矣。周禮夏至合樂方澤之説，肄習社稷山川祀事之樂耳，非謂祀也。後世不察于性情德養之差，形氣分合之理，陰陽崇卑之別，伉北郊以擬天，下伐上，臣干君，亂自此而生。乃紛紛議分議合，不愈傎也乎！

繼父之服，不知其義所自出。繼父者，從乎母而親者爾。從母而親者，莫親于外祖父母，其服之也小功而已，而同居繼父之服期，何獨私于母之後夫哉！即其爲營寢廟，修祭祀，亦朋友通財之等。營寢廟，修祭祀，其財力爲之也。古者母之服期，母之後夫亦期焉，從服者視所從而無殺，殆以伉諸尊父而尊繼母之禮與？則亦禽狄之道矣。孰立繼父之名，因制繼父之服？父其可繼乎哉！同母異父之兄弟姊妹，視從兄弟而小功，亦野人之道也。母之後夫，同母異父之兄弟姊妹，以朋友皆在他邦之服服之，袒免焉可矣。從服因所從者爲之服，不以己之暱而服之，則亦不以己之嫌而已之。兄弟一體之親，從乎兄弟而爲兄弟之妻服，庸不可乎！若以嫂叔不通問爲疑，乃嫌疑之際。君臣男女，一也。未仕者從父而爲父之君服，不以不爲臣不見之義爲疑而已之。蓋所從者，義之重者也；嫌疑，義之輕者也。其生也，不爲臣不見，嫂叔不通問，厚君臣男女之别。其没也，從乎父與兄弟而服之，以篤尊親之誼，亦並行而不悖矣。男子從乎兄弟而服兄弟之妻，婦人從乎夫而服夫之兄弟，今禮有善于古者，此類是已。

明堂之説，制度紛紜，大抵出于漢新垣平、公玉帶之徒，神其説而附益之爾。戴記明堂位不言十二室、五室之制，而有應門之文，則亦天子之廟堂耳。故孟子曰：「明堂者，王者之堂也。」孝經稱「宗祀文王于明堂，以配上帝」，所謂配上帝者，謂以天子之禮祀之，成其配天之業也。後世增大饗，而以人道事天；又分天與帝爲二，傅以讖緯之誣説，荒怪甚矣！月令爲青陽、明堂、總章、玄堂之名，隨月居之以聽政，瑣屑煩宂，擬天而失其倫。不知吕不韋傳于何一曲儒，以啓後世紛紜之喙，乃欲創一曲房斜户之屋，幾令匠石無所施其結構。宋諸先生議復古多矣，而不及明堂，誠以其不典而徒煩也。

月令位土于季夏，惟不達于相克者相成之義，疑火金之不相見而介紹之以土，且以四時無置土之位，弗獲已而以季夏當之爾。其云律中黄鐘之宮，既不可使有十三律，則雖立宮之名，猶是黄鐘也。將令林鐘不能全應一月，于義尤爲鹵莽。其説既不足以立，曆家又從而易之，割每季之十八日以爲土王，尤虚立疆畛而無實。五行之運，不息于兩間，豈有分時乘權之理！必欲以其温涼晴雨之大較而言之，則素問六氣之序以六十日當一氣，爲風寒燥溼陽火陰火之别，攷之氣應，實有可徵，賢于每行七十二日之説遠矣。且天地之化，以不齊而妙，亦以不齊而均。時自四也，行自五也，惡用截鶴補鳧以必出于一轍哉！易稱元亨利貞，配木火金土而水不與，貞土德，非水德，詳周易外傳。則四序之應，雖遺一土，亦何嫌乎！天地非一印板，萬化從此刷出，拘墟者自不知耳。

水之制火，不如土之不争而速。素問二火之説，以言化理尤密。龍雷之火，附水而生，得水益烈，遇土則蔑不伏也。土與金雖相抱以居，而塊然其不相孳乳，燥溼之别久矣。素問以溼言土，以燥言金，皆其實也。金既燥，與水杳不相親，奚水之生乎！兩間之金幾何，而水無窮，水豈待金而生邪！五行同受命于大化，河圖五位渾成，顯出一大冶氣象，現成五位具足，不相資抑不相害。故談五行者必欲以四時之序序之，與其言生也，不如其言傳也；與其言克也，不如其言配也。

月令及漢曆先驚蟄而後雨水，漢以後曆先雨水而後驚蟄。蓋古人察有恒之動于其微，著可見之動于其常也。正月蟄蟲振于地中，察微者知之，待著而後喻者不知也。正月或雨雪，或雨水，雖或雨水而非其常。二月則以雨水爲常。驚蟄者不待其變之定而紀之，不驗者多矣。護蟄蟲之生當于其微，而後生理得蘇，效天時之和潤以起田功，當待其常而後人牛不困。後人之不古若，而精意泯矣。

天無度，人以太陽一日所行之舍爲之度。天無次，人以月建之域爲之次。非天所有，名因人立。名非天造，必從其實。十有二次因乎十有二建而得名，日運刻移，東西循環，固無一定之方也。大寒爲建丑之中氣，故以夏正十有二月爲星紀之月，而丑因從爲星紀之次。斗柄所指在地之北東隅，丑方也。丑所以爲星紀者，一日之辰，隨天左移所加之方，而爲十二時正方也。東正卯，西正酉，上正午，下正子，八方隨之以序，則因卯酉而立之名也。故卯酉爲有定之方，而爲十二次之紀。建丑之月，古曆日在子，其時日方正午，加于子宿，未加亥，申加戌，酉正加酉，卯正加卯，在天卯酉之位，與在日卯酉之時相值而中。方卯而卯中，方酉而酉中，故曰星紀。此古曆「冬至日在斗，大寒日在虛」之所推也。自歲差之法明，堯時冬至日在虛，周、漢以後冬至日在斗，而今日在箕三度矣。治曆者不爲之通變之術，仍循漢、唐之法，以危十二度起，至女二度爲玄枵之次，其辰子。女二度起，至斗二度爲星紀之次，其辰丑。斗二度起，至尾三度爲析木之次，其辰寅。餘九次因此。則是大寒之氣，日在牛三度而加丑，在天之丑值日之午，酉加戌，卯加辰，不得謂之爲星紀矣。方是月也，斗柄指丑，而人之以十二次分之者乃在子，不亦忒乎！用今之曆，紀今之星，揆今之日，因今之時，謂一日十二時。定今之次，自當即今冬至日在箕三度至牽牛四度爲丑，牽牛三度至危六度爲子，危七度至東壁三度爲亥。餘九次準此。歲差則從之而差，所不可差者，斗柄所建之方而已。循是而推之，則冬至日仍在丑，雨水日仍在亥，建丑之月，卯仍卯中，酉仍酉中。名從實起，次隨建轉，即今以順古，非變古而立今，其尚允乎！

古之爲曆者，皆以月平分二十九日五十三刻有奇爲一朔，恒一大一小相閒，而月行有遲疾，未之審焉。故日月之食恒不當乎朔望。穀梁子未朔、既朔、正朔之説由此而立，而漢儒遂雜以災祥之説，用相爚亂。至祖沖之諗知其疏，乃以平分大略之朔爲經朔，而隨月之遲疾出入于經朔之内外爲定朔。非徒爲密以示察也，以非此則不足以審日月交食之貞也。西洋夷乃欲以此法求日，而制二十四氣之長短，則徒爲繁密而無益矣。其説大略以日行距地遠近不等，遲疾亦異，自春分至秋分其行盈，自秋分至春分其行縮，而節以漏準，故冬一節不及十五日者十五刻有奇，夏一節過于十五日者七十二刻有奇。乃以之測日月之食，則疏于郭守敬之法而恒差。若以紀節之氣至與否，則春夏秋冬温暑涼寒，萬物之生長收藏，皆以日之晨昏爲主，不在漏刻之長短也。故曰日者天之心也。則自今日日出以至于明日日出爲一日，闔闢明晦之幾定于斯焉。若一晝一夜之内，或長一刻，或短一刻，銖累而較之，將以何爲乎！日之有晝夜，猶人之有生死，世之有鼎革也。紀世者以一君爲一世，一姓爲一代足矣，倘令割周之長，補秦之短，欲使均齊而無盈縮之差，豈不徒爲紊亂乎！西夷以巧密誇長，大率類此，蓋亦三年而爲棘端之猴也。

霧之所至，土氣至之。雷電之所至，金氣至之。雲雨之所至，木氣至之。七曜之所至，水火之氣至之。經星以上，蒼蒼而無窮極者，五行之氣所不至也。因此，知凡氣皆地氣也，出乎地上則謂之天氣，一升一降，皆天地之閒以絪緼者耳。月令曰「天氣下降，地氣上騰」，從地氣之升而若見天氣之降，實非此晶晶蒼蒼之中有氣下施以交于地也。經星以上之天既無所施降于下，則附地之天亦無自體之氣以與五行之氣互相含吐而推盪，明矣。天主量，地主實，天主理，地主氣，天主澄，地主和，故張子以清虛一大言天，亦明乎其非氣也。

不于地氣之外別有天氣，則玄家所云先天氣者無實矣。既生以後，玄之所謂後天也，則固凡爲其氣者，皆水、火、金、木、土、穀之氣矣。實但穀氣，一曰胃氣。未生以前，胞胎之氣其先天者乎！然亦父母所資六府之氣也，在己與其在父母者，則何擇焉！無已，將以六府之氣在吾形以内，醖釀而成爲後天之氣，五行之氣自行于天地之閒以生化萬物，未經夫人身之醖釀者爲先天乎？然以實推之，彼五行之氣自行而生化者，水成寒，火成炅，木成風，金成燥，土成溼，皆不可使絲毫漏入于人之形中者也。魚在水中，水入腹則死。人在氣中，氣入腹則病。入腹之空且爲人害，況榮衞魂魄之實者乎！故以知所云先天氣者無實也。棲心淡泊，神不妄動，則醞釀清微而其行不迫，以此養生，庶乎可矣。不審而謂此氣之自天而來，在五行之先，亦誕也已！

邵子之言先天，亦倚氣以言天耳。氣，有質者也，有質則有未有質者。淮南子云「有夫未始有無者」，所謂先天者此也。乃天固不可以質求，而並未有氣，則強欲先之，將誰先乎！張子云「清虛一大」，立誠之辭也，無有先于清虛一大者也。玄家謂「順之則生人生物」者，謂由魄聚氣，由氣立魂，由魂生神，由神動意，意動而陰陽之感通，則人物以生矣。「逆之則成佛成仙」者，謂以意馭神，以神充魂，以魂襲氣，以氣環魄，爲主于身中而神常不死也。嗚呼！彼之所爲祕而不宣者，吾數言盡之矣。乃其說則告子已爲之嚆矢。告子曰「不得于心，勿求于氣」，亦「心使氣，氣不生心」之說。夫既不待我，而孟子折之詳矣。天地之化，以其氣生我，我之生，以魄凝氣而生其魂神，意始發焉。若幸天地之生我而有意，乃竊之以背天而自用，雖善盜天地以自養，生也有涯，而惡亦大矣。故曰「小人有勇而無義爲盜」。

釋氏之所謂六識者，慮也；七識者，志也；八識者，量也；前五識者，小體之官也。

嗚呼！小體，人禽共者也。慮者，猶禽之所得分者也。人之所以異于禽者，唯志而已矣。不守其志，不充其量，則人何以異于禽哉！而誣之以名曰「染識」，率獸食人，罪奚辭乎！釋道生曰：「敲空作響，擊木無聲。」此亦何足爲名理而矜言之也！天下莫大之聲，無逾于雷霆，乃豈非敲空作響乎！木之有聲者，其中空也。即不空者，擊空向木，木止空不行，反觸而鳴也。舉木按木，雖竭賁、獲之力，聲亦不生，則擊木固無聲矣。釋氏之論，大抵如此，愚者初未置心于其際，乍聞而驚之爾。如楞嚴所稱「耳聞梅而涎從口出」之類，亦復成何義旨，有血性者當不屑言，亦不屑辨也。

三代之政，簡于賦而詳于役，非重用其財而輕用其力也。賦，專制于君者也，制一定，雖墨吏附會科文以取之，不能十溢其三四也。役則先事集而後事息，隨時損益，固難畫一。聽吏之上下，而不能悉聽于君上，不爲之不可。溢之數，盡取君與吏所必需于民者而備征之，則吏可以遽不請命而唯意爲調發，雖重法以繩吏，而彼固有辭。是故先王不避繁重之名，使民逐事以效功，則一國之常變鉅細皆有期會之必赴，而抑早取其追攝不逮宂促不相待之數，寬爲額而豫其期，吏得裕于所事而弗能藉口于煩速。其庀具供給之日，不移此以就彼，吏抑無從那移而施其巧。且役與賦必判然分而爲二。徵財雖徑，徵力雖迂，而必不斂其值以雇于公。民即勞而事有緒，吏不能以意欲增損之，而勞亦有節矣。知此，則創爲一條鞭之法者概役而賦之，其法苟簡而病民于無窮，非知治體者之所尚矣。一條鞭立而民不知役，吏乃以謂民之未有役而可役，數十年以後，賦徒增而役更起，是欲徑省其一役而兩役之矣。王介甫雇役之法倡之，朱英之一條鞭成之，暴君者又爲裁減公費驛遞工食之法，以奪之吏而償之民。奪之吏者一而償之民者百，是又不如增賦之虐民有數也。

置郵之說，始見於孟子而傳聞于孔子，周禮無述焉。意亦衰周五伯之亂政，非三代之制也。春秋傳魯莊公傳乘而歸，楚子乘馹會師于臨品，皆軍中所置以待急迫，猶今之塘撥耳。孔子所謂傳命者，亦謂軍中之命令也。三代之制，大夫以上皆自畜馬，有所使命，自駕而行而不需于公家。士及庶人在官者之銜命，則公家予之以駕，而不取給于賦役。故問國君之富，數馬以對，國馬蕃于公廄，無所資于民矣。吉行，日五十里，馬力不疲，適遠而不須更易，駕以往者即駕以返，無用馹也。諸侯之交，適遠者少。天子之使，或達于千里之外，則有輶軒之車，輿輕馬良，亦即所乘以遠届而已。古之政令，立法有章，號令統一，事豫而期有恒，故日行五十里而不失期會。後世有天下者起于行陳，遂以軍中驛傳之法取快一時者爲承平之經制，先事之不豫，徵求期會之無恒，馬力不足給其意欲，而立法以求急疾，至于魚蟹瓜果口腹之需，一惟其速而取辦于驛傳。天下增此一役，而民困益甚矣。誠假郡縣以畜牧之資，使自畜馬以供公役，自近侍以至宂散，皆豐其禄餼傔從，各得多其蕃畜，一切奏報徵召，皆自乘以行，而特給以芻秣，雖乘輿之圉，亦取之國馬而足，則賦可減，役可捐，而中國亦資以富强，將不待輦鏹籠茶以請命于番夷，上下交益之道也。開國之主，一爲創制，捷于反掌，非如井田、封建之不易復也。

張子曰：「日月之形，萬古不變。」形者，言其規模儀象也，非謂質也。質日代而形如一，無恒器而有恒道也。江河之水，今猶古也，而非今水之即古水。鐙燭之光，昨猶今也，而非昨火之即今火。水火近而易知，日月遠而不察耳。爪髮之日生而舊者消也，人所知也。肌肉之日生而舊者消也，人所未知也。人見形之不變而不知其質之已遷，則疑今兹之日月爲邃古之日月，今兹之肌肉爲初生之肌肉，惡足以語日新之化哉！陽而聚明者恒如，斯以爲日；陰而聚魄者恒如，斯以爲月；日新而不爽其故，斯以爲无妄也與！必用其故物而後有恒，則當其變而必昧其初矣。

月食之故，謂爲地影所遮，則當全晦而現青晶之魄矣。今月食所現之魄，赤而濁，異乎初生明時之魄，未全晦也。抑或謂太陽闇虚所射，近之矣。乃日之本無闇虚，于始出及落時諗之自見。日通體皆明，而人于正午見之，若中闇虚而光從旁發者，目眩故爾。日猶火也，豈有中邊之異哉！蓋月之受輝于日，猶中宵之鏡受明于鐙也。今以鐙臨鏡而人從側視之，鐙與鏡不正相值，則鏡光以發。鐙正臨鏡，則兩明相衝，鏡面之色微赤而濁，猶月食之色也。介立其中者，不能取炤于鏡矣。日在下，月在上，相值相臨，日光逼衝乎月魄，人居其中，不見返映之輝而但見紅昏之色，又何疑哉！

曆法有日月之發斂，而無步五星發斂之術。蓋土星二十九年有奇而始一周，行遲則發斂亦微，未易測也。乃五星固各有其發斂，則去黄道之近遠與出入乎黄道亦各自有其差。太白于五星，光芒最盛，去黄道近，則日出而隱；其或經天晝見者，去黄道甚遠，則日不能奪之也。然則使置五星發斂之術以與太陽互算，則太白經天亦可推測之矣。其爲休咎，則亦與日月食之雖有恒度而人當其下則爲災也等，要皆爲有常之異也。

鹽政開中之法，其名甚美，綜核而行之乍利，要不可以行遠，非通計理財之大法也。商之不可爲農，猶農之不可爲商也。商其農，徒竄其農而貧之于商。農其商，徒困其商而要不可爲農。開中者，將使商自耕乎？抑使募人以耕乎？商固不能自耕，而必募人以耕，乃天下可耕之人皆懷土重遷者，商且懸重利以購之，則貪者舍先疇以趨遠利，而中土之腴田蕪矣。不則徒使商豢游惰之農，而出不能裨其入也。抑天下果有有餘之農爲可募邪，則胡不官募之而必假于商乎？農出粟而使之輸金，唐、宋以降之弊政也。商利用金而使之輸粟，則開中之弊法也。顛倒有無而責非其有，貿遷于南而田廬于北，人心拂而理勢逆，故行之未百年而葉淇得以撓之。商乃寧輸數倍之金以丐免遥耕之苦，必然之勢也。耕猶食也，莫之勸而自勤者也。强人以耕，殆猶夫强人以食與，不饐而曦者幾何哉！宜開中之不能久也。

與其開中而假手于商以墾塞田也，亡寧徙民以實塞。民就徙，則漸安其可懷之土矣。獨疑無從得民而募徙之爾。葉淇以前，商所募者爲何許人？當時不留之以爲官佃，則淇之罪也。或皆游惰而鹵莽者乎？乃今廣西桂平、潯、梧之閒有獞人者，習于刀耕火種，勤苦耐勞，徒以府江左右皆不毛之土，無從得耕，故劫掠居民行旅以爲食。韓雍以來，建開府，增戍卒，轉饟千里，大舉小入，數百年無寧日，斬殺徒勤而終不悛。若置之可耕之土，則賊皆農也。或慮其獷不受募，則可用雕剿之法，以兵遷其一二。得千許人，豐給其資糧牛具，安插塞下，擇良將吏拊循之，數年以還，俾既有飽煖之色，擇其渠魁，假之職名，還令自相呼致，行之十年之外，府江之獞可空，塞下之萊可熟矣。且其人類獷悍習戰，尤可收爲墩堡之備，即因之簡兵節饟可也。漢遷甌人而八閩安，中國實用此道爾。他如黔、蜀之苗、犵，可遷者有矣。亳、宿、鄖、夔之流民，可耕者有矣。汀、邵之山民，轉耕藍麻於四方，可募者有矣。當國者以實心而任良吏，皆爲塞下之農也，奚必開中而後得粟哉！

内經之言，不無繁蕪，而合理者不乏。靈樞經云：「肝藏血，血舍魂。脾藏榮，榮舍意。心藏脈，脈舍神。肺藏氣，氣舍魄。腎藏精，精舍志。」是則五藏皆爲性情之舍，而靈明發焉，不獨心也。君子獨言心者，魂爲神使，意因神發，魄待神動，志受神攝，故神爲四者之津會也。然亦當知凡言心則四者在其中，非但一心之靈而餘皆不靈。孟子言持志，功在精也。言養氣，功加魄也。若告子則孤守此心之神爾。靈樞又云：「天之在我者，德也。地之在我者，氣也。」亦足以徵有地氣而非有天氣矣。德無所不凝，氣無所不徹，故曰在我。氣之所至，德即至焉，豈獨五藏胥爲含德之府而不僅心哉！四支、百骸、膚肉、筋骨苟喻痛癢者，地氣之所充，天德即達，皆爲吾性中所顯之仁，所藏之用。故孟子曰：「形色，天性也。」

莊子謂風之積也厚，故能負大鵬之翼，非也。濁則重，清則微，天地之閒，大氣所蒸，漸上則漸清，漸下則漸濁。氣濁以重，則風力亦鷙；氣清以微，則風力亦緩。然則微霄之上，雖或有風，微颸而已，安所得積而厚哉！鸒、鳩之飛不能高，翼小力弱，須有憑以舉，能乘重而不能乘輕也。鵬之高也，翼廣力大，不必重有所憑而亦能乘也。使大鳥必資厚氣以舉，如大舟之須積水，雖九萬里亦平地之升爾。則方起翼之初，如大舟之一試於淺水而早不能運，何從拔地振起以得上升哉！莊生以意智測物，而不窮物理，故宜其云然。

「東蒼天，西白天，南赤天，北玄天」，於晴夕月未出時觀之則然，蓋霄色爾。霄色者，因日月星光之遠近，地氣之清濁而異，非天之有殊色也。自霄以上，地氣之所不至，三光之所不行，乃天之本色。天之本色，一無色也。無色、無質、無象、無數，是以謂之清也，虛也，一也，大也，爲理之所自出而已矣。

周正建子，而以子、丑、寅之月爲春，卯、辰、巳之月爲夏，午、未、申之月爲秋，酉、戌、亥之月爲冬。肇春於南至，而訖冬於大雪，非僅以天爲統之説也。子、丑、寅之月，寒色略同。卯、辰、巳之月，温色略同。午、未、申之月，暑色略同。酉、戌、亥之月，凉色略同。因其同者而爲之一，時氣之驗也。自南至以後九十一日有奇，日自極南而至乎赤道。又九十一日有奇，自赤道而至乎極北。北至以後九十一日有奇，自極北而返乎赤道。又九十一日有奇，自赤道以至乎極南。赤道中分，南北大返，四至而分四時，天之象也。一陽生於地中，水泉動，故曰春者蠢也。雷發聲，電見，桃李榮，故曰夏者大也。一陰生，反舌無聲，故曰秋者揫也。水始涸，蟄蟲坏户，故曰冬者終也。化之徵也。然則周所謂四時者，不可謂無其理矣。既有其理，而泰誓春大會于孟津，又明著其文，則知以建子之月爲春王正月，自魯史之舊，而非夫子以夏時冠周月，創亡實之文。胡文定之説誠有所未審，而朱子駁之，宜矣。

蓋天之説，亦就二十八宿所維繫之天而言也。北極出地四十度。授時曆所測北都度數。南極入地四十度。赤道之南，去地七十一度有奇耳，其北去地一百一十一度有奇也，則有如斜倚於南矣。其法當以赤道之中當蓋之部尊，蓋樞也。南北二極當蓋之垂溜，蓋簷也。既倚於南而復西轉，類蓋之仄動。其説不過如此，非謂盡天之體而北高南下也。推其説，則北極之北，經星之所不至，當不得謂之天。故曰「天不滿西北」。然則極北之蒼蒼者果何名邪？此其説之窒者也。抑即以經星之天論之，使以赤道爲部尊，南北二極爲垂溜，則赤道之中當恒見而不隱，北極出地上，當以日推移而不恒見。而今反是，則倚蓋之譬，可狀其象而不可狀其動也。此渾天之説所以爲勝。乃渾天者，自其全而言之也，蓋天者，自其半而言之也，要皆但以三垣二十八宿之天言天，則亦言天者畫一之理。經星以上，人無可得而見焉。北極以北，人無可得而紀焉。無象可指，無動可徵，而近之言天者於其上加以宗動天之名，爲蛇足而已矣。

渾天家言天地如雞卵，地處天中猶卵黄。黄雖重濁，白雖輕清，而白能涵黄使不墜於一隅爾，非謂地之果肖卵黄而圓如彈丸也。利瑪竇至中國而聞其説，執滯而不得其語外之意，遂謂地形之果如彈丸，因以其小慧附會之，而爲地球之象。人不能立乎地外以全見地，則言出而無與爲辨。乃就瑪竇之言質之，其云地周圍盡於九萬里，則非有窮大而不可測者矣。今使有至圓之山於此，繞行其六七分之一，則亦可以見其迤邐而圓矣。而自沙漠以至於交趾，自遼左以至於葱嶺，蓋不但九萬里六七分之一也，其或平或陂，或窪或凸，其圓也安在？而每當久旱日入之後，則有赤光間青氣數股自西而迄乎天中，蓋西極之地，山之或高或下，地之或侈出或缺入者爲之。則地之欹斜不齊，高下廣衍，無一定之形，審矣。而瑪竇如目擊而掌玩之，規兩儀爲一丸，何其陋也！

利瑪竇地形周圍九萬里之説，以人北行二百五十里則見極高一度爲準。其所據者，人之目力耳。目力不可以爲一定之徵，遠近異則高下異等。當其不見，則毫釐迥絶；及其既見，則倏爾尋丈，未可以分數量也。抑且北極之出地，從平視而望之也。平視則迎目速而度分如伸。及其漸升，至與人之眉目相值，則移目促而度分若縮。今觀太陽初出之影，晷刻數丈，至於將中，則徘徊若留，非其行之遲速，道之遠近，所望異也。抑望遠山者見其聳拔蔽霄，及其近則失其高而若卑，失其且近而曠然遠矣。蓋所望之規有大小而所見以殊，何得以所見之一度爲一度，地下之二百五十里爲天上之一度邪？況此二百五十里之塗，高下不一，升降殊觀，而謂可準乎！且使果如瑪竇之説，地體圓如彈丸，則人處至圓之上，無所往而不踞其絶頂，其所遠望之天體，可見之分必得其三分之二，則所差之廣狹莫可依據，而奈何分一半以爲見分，因之以起數哉！彈丸之説既必不然，則當北極出地之際，或侈出，或缺入，俱不可知，故但以平線準之，亦弗獲已之術也，而得據爲一定邪！且人之行，不能一依鳥道，則求一確然之二百五十里者而不可得，奚況九萬里之遥哉！蘇子瞻詩云：「不識廬山真面目，只緣身在此山中。」王元澤有云：「銖銖而累之，至兩必差。」瑪竇身處大地之中，目力亦與人同，乃倚一遠鏡之技，死算大地爲九萬里，使中國有人焉如子瞻、元澤者，曾不足以當其一笑，而百年以來，無有能窺其狂騃者，可歎也。

歲之有次，因歲星所次而紀也。月之有建，因斗柄所建而紀也。時之有辰，因太陽所加之辰而紀也。是故十幹、十二枝之配合生焉。若日之以甲子紀，不知其何所因也。既觀象於天而無所因以紀，則必推原於所自始而因之矣。倘無所紀，又無所因，將古今來之以六十甲子紀日者，皆人爲之名數而非其固然乎！非其固然，則隨指一日以爲甲子，奚不可哉！日之有甲子，因曆元而推者也。上古曆元天正，冬至之日以甲子始，故可因仍鱗次，至於今而不爽。乃以驗之於天，若以甲庚執破候晴雨之類，往往合符，是以知古人之置曆，元非强用推測爲理，以求天之合也。郭守敬廢曆元，趨簡而已。曆元可廢，則甲子將誰從易。惟未曙於此，則將有如方密之閣學欲盡廢氣盈朔虚，一以中氣分十二節而罷朔閏者，始哉！古法有似徒設無益而終不廢者，天之用不一端，人之知天不一道，非可徑省爲簡天人之精意泯矣。

年與日之以甲子紀，皆以曆元次第推而得之。月之因乎斗柄，時之因乎太陽，但取徵於十二次，則亦但可以十二枝紀之而已。若同一建寅之月，孰爲丙寅？孰爲戊寅？同一加子之時，孰爲甲子？孰爲丙子？既無象數之可徵，特依倚曆元初始月、時始於甲幹而推爾。乃以曆元言之，則冬至月建甲子，巳爲歲首，而今用夏正，甲子之歲始於丙寅，抑甲子之建自冬至始，而大雪以後即建甲子，義亦相違。故古人於月但言建某枝之月，於時但言時加某枝，而不繫以天干，立義精慎。後世瑣瑣壬遁星命之流，輒爲增加以飾其邪説，非治曆之大經也。

謂黃帝吹律以審音。吹者，吹其律之笙簫管籥也，而蔡西山堅持吹之一字以譏王朴用尺之非，過矣。朴用尺而廢律，固爲不可。尺者，律之一用耳，可以度長短大小，而不可以測中之所容與其輕重。且律兼度量衡而爲之準，是律爲母而尺其子也。用一子以廢羣子之母，其失固然矣。然律者，要不可以吹者也。枵然洞達之筩，音從何發？即令成音，亦怒號之竅、于喁之聲而已。且吹之有清濁也，不盡因乎管，而因乎吹之者洪纖舒疾之氣。今以一管易人而吹之，且以一人異用其氣而吹之，高下鴻殺，固不一矣，又將何據以定中聲乎！唯手口心耳無固然之則，故雖聖人必倚律以爲程，則管不待吹，絃不待彈，鼓不待伐，鐘不待攷，而五音十二律已有畫一之章。然則言吹律者，律已成，樂已審，而吹以驗之也，非藉吹之得聲而據之以爲樂也。用尺雖於法未全，自賢於任吹者之徒徇口耳矣。

黃道出入赤道内外之差，冬至自南而反北，人在赤道北，故曰反。初遲後疾，至於赤道則又漸向於遲；夏至自北而之南，亦初遲後疾，至於赤道則又漸向於遲。唯近赤道則疾，遠則漸遲，曆家測其實，未明其故。蓋赤道當天之中，其體最高，則黄道所經亦高，漸移而南北，則漸降而下。在天成象者，清虚而利親上，故趨於高則其行利，趨於下則其行滯，猶在地成形者之利於下。是以二至之發斂三十秒，二分之發斂極於三十八分九十五秒也。據授時曆。

謂日高，故度分遠，是以日行一度；月下，故度分近，是以日行十三度有奇，亦周旋曲護陰當遲、陽當疾之説爾。七曜之行，非有情則非有程，而强爲之辭，謂月與五星一日之行各如日一度之遠近，亦誣矣。且經星託體最高，其左旋何以如是之速邪！夫使日之一度抵月之十三度有奇，則土星之一度當抵月之三百五十一度有奇矣，果如是其遠焉否也？抑必七政之疾徐，畫一而無參差，但以度分之遠近而異，東西既爾，南北亦宜然，月之九道何以出乎黄道外者五度十七分有奇邪？天化推遷隨動而成理數，陰陽遲疾，體用不測，畫一以爲之典要，人爲之妄也。以之論天，奚當焉！

月中之影，或以爲地影，非也。凡形之因炤而成影，正出、旁出、横出，長短、大小必不相類，況大地之體，惡能上下四旁之如一哉！今觀其自東升歷天中，以至于西墜，其影如一。自南至北，閲九道，出入四十八度，其影如一。地移而影不改，則非地影明矣。乃其所以爾者，當由月魄之體，非如日之充滿匀洽爾。受明者，魄也。不受明者，魄之缺也。意者魄之在天，如雲氣之有斷續疏漏，或濃，或淡，或厚，或薄，所疏漏者下通蒼蒼無極之天，明無所麗，因以不留乎！亦陽用有餘，陰用不足之象也。有餘則重而行遲，不足則輕而行速，抑可通於日月遲疾之故矣。

月行之道所以斜出入於黄道者，日行黄道之差，每日大概以二十六分强爲率，分百爲度。三日半而始得一度；若月則一日而差三度半弱。故日雖漸迤南北，而其道恒直；月則每日所差既遠，其道恒斜也。日其經，而月其緯乎！

「孫可以爲王父尸」，可以者，通辭也，不必定其孫而爲之也。假令周當平、桓以降，祭文、武二世室，安從得孫而爲之尸乎！天子七廟，雖無孫而在五世祖免之内，親未盡則形氣相屬不遠，皆可爲尸。文、武、后稷既已遠，而德厚者流光，凡其子孫與同昭穆者皆可尸也。然則祭禰廟者而未有孫，或取諸五世以内爲諸孫之列者與！若又無之，則取之所祭者再從以外之兄弟，期於無亂昭穆而已。

自漢以來，祭不立尸，疑其已簡。古人陰厭陽厭，於彼於此，亦不敢信祖考之神必棲於尸，弗獲已而以有所施敬者爲安，要亦孝子極致之情爾。禮有不必執古以非今者，此其一邪！且祖考之尸用諸孫，祖妣之尸將用諸孫之婦邪？則形氣固不相屬矣。詩云，「誰其尸之，有齊季女，」説見詩稗疏。是明乎必取諸孫女之列也。一堂之上，合族以修大事於祖考，乃使女子與昆弟同几筵以合食，而取象於夫婦，人道之别，不亦紊乎！必無已而不必其形氣之相屬，使爲祖尸者之婦爲祖妣尸，乃同牢之禮僅用於始昏，亦同於室而不同於堂，自此以外，必厚其别。乃於禮樂之地，兄弟具來，而夫婦合食以無嫌，亦媟甚矣。更無已而妣配無尸，即以祖之尸攝之，則一人而兩致獻酬，男子而婦人之，又已不倫。念及此，則不立尸爲猶愈也。司馬、程、朱定所作家禮，論復古備矣，而不及尸，亦求之情理而不得其安也！

素問之言天曰運，言地曰氣。運者，動之紀也，理也，則亦天主理、地主氣之驗也。故諸家之説，唯素問爲見天地之化而不滯五運之序。甲己土，乙庚金，丙辛水，丁壬木，戊癸火，以理序也。天以其紀善五行之生，則五行所以成材者，天之紀也。土成而後金孕其中。雖孕而非其生。土金堅立，水不漫散而後流焉。水土相得，金氣堅之而後木以昌植，木效其才而火麗之以明。故古有無火之世，兩間有無木之山磧，無無金之川澤，而土水不窮。砂石皆金屬也。自然而成者長，有待而成者稚，五行之生雖終始無端，而以理言之，則其序如此。故知五運者，以紀理也。地主氣，則渾然一氣之中，六用班焉而不相先後。同氣相求，必以類應，故風木與陽火君火。相得也，陰熱相火。與燥金相得也，溼土與寒水相得也。相得則相互，故或司天，或在泉，兩相唱和，無適先也。以類互應，均有而不相制，奚生克之有哉！倘以生克之説求之，則水，土克也；金，火克也，胡爲其相符以成歲邪！　理據其已成而爲之序，而不問其氣之相嬗，故以土始，不以水始，異洪範。亦不以木始，異月令。非有相生之説也。氣因其相得者而合，風興則火煬，火烈則風生，熱熯則燥成，燥迫則熱盛，溼蔭則寒凝，寒噓則溼聚，非有相克之説也。風，春氣也，故厥陰爲初火。熱，夏氣也。燥，秋氣也。溼，寒，冬氣也。冬水聚，溼氣勝。應四時之序而不虚寄土位於中宫，於以體天地之化，賢於諸家遠矣。有滯理而化與物不我肖也，則不得已而爲之增減以相就。如八卦配五行者，木二，金二，土二，水火一，不知水火之何以不足，木金土之何以有餘也！以五行配四時者，或分季夏以居土，或割四季月之十八日以居土，不知土之何以必主此一月之中與此十八日之内也！抑不知季夏之氣、林鐘之律何爲當自減以奉土也！唯素問「天有一火，地有二火」之説爲不然。天主理，理者名實之辨，均之爲火，名同而實未有異，故天著其象，凡火皆火一而已矣。地主氣，氣則分陰陽之殊矣。陰陽之各有其火，灼然著見於兩間，不相訢合，不能以陰火之氣爲陽火也。陰火，自然之火也。陽火，翕聚之火也。陰火不麗木而明，不煬金以流，不煉土以堅，不遇水而息。而陽火反是，螢入火則焦，燭觸電則滅，反相息矣。故知二火之説賢於木金土各占二卦之强爲增配也。

　　五運在天而以理言，則可以言性矣。性著而爲五德，土德信，金德義，水德知，木德仁，火德禮。信者，人之恒心，自然而成，諸善之長也。恒心者貞，是非之不易而固存者也。是非在我之謂義。是非在物之謂知。知非而存其是，油然不舍之謂仁。仁著於酬酢之蕃變之謂禮。禮行而五德備矣。故恒心者，猶十幹之甲己，五行之土，包孕發生乎四德而爲之長也。論語謂之識，易謂之藴，書謂之念作聖之始功，蒙之所謂果行育德也。故通乎素問之言天者，可與言德。

蔡伯靖言「水異出而同歸，山同出而異歸」，非也。水，流者也，故有出有歸。山，峙者也，奚以謂之出，奚以謂之歸乎！自宋以來，閩中無稽之游士，始創此説以爲人營葬，伯靖父子習染其術，而朱子惑之，亦大儒之疵也。古之葬者，兆域有定，以世次昭穆而附焉。即至後代，管輅、郭璞有相地之説，猶但言形勢高下，未指山自某來爲龍也。世傳郭璞葬經一卷，其言固自近理。自鬻術者起，乃竊禹貢導山之文，謂山有來去。不知導山云者，因山通路，啓荆榛，平險阻，置傳舍爾，非山有流裔而禹爲分疏之也。水之有出有歸，往者過矣，來者續矣，自此至彼，駸駸以行，明矣。若山則亙古此土，亙古此石，洪濛不知所出，向後必無所歸，而奚可以出歸言之！彼徒見岡脊之容，一起一伏，如波浪之層疊，龍蛇之蜿屈，目熒成妄，猶眩者見空中之花，遂謂此花有植根，有結實，其妄陋可笑，自不待言。如謂有所自起，有所自止，則高以下爲基，可云自平地拔起，至於最高之峯而止；必不可云自高峯之脊而下至於邱阜也。海濱，最下者也，必欲爲連屬之説，海濱爲崑崙之祖，非崑崙之行至海濱而盡。一峯之積，四面培壅而成，亦可謂異出而同歸矣。水以下爲歸，山以高爲歸，不易之理也。況乎踞峯四望，羣山雜列於地下，正如陳盂琖於案，彼此之各有其區域而固不相因，明矣。術士之説，但以夸張形似，誘不孝之貪夫，以父母之骴骼爲媒富貴之資，有王者起，必置之誅而不舍之科。爲君子者，如之何猶聽其導於迷流邪！

謂「天開於子，子之前無天；地闢於丑，丑之前無地；人生於寅，寅之前無人」，吾無此邃古之傳聞，不能徵其然否也。謂「酉而無人，戌而無地，亥而無天」，吾無無窮之耳目，不能徵其虚實也。吾無以徵之，不知爲此説者之何以徵之如是其確也！攷古者，以可聞之實而已。知來者，以先見之幾而已。故吾所知者，中國之天下，軒轅以前，其猶夷狄乎！太昊以上，其猶禽獸乎！禽獸不能全其質，夷狄不能備其文。文之不備，漸至於無文，則前無與識，後無與傳，是非無恒，取舍無據，所謂饑則呴呴，飽則棄餘者，亦植立之獸而已矣。魏、晉之降，劉、石之濫觴，中國之文，乍明乍滅，他日者必且陵蔑以之於無文，而人之返乎軒轅以前，蔑不夷矣。文去而質不足以留，且將食非其食，衣非其衣，食異而血氣改，衣異而形儀殊，又返乎太昊以前，而蔑不獸矣。至是而文字不行，聞見不徵，雖有億萬年之耳目，亦無與徵之矣，此爲混沌而已矣。

天地之氣衰旺，彼此迭相易也。太昊以前，中國之人若麇聚鳥集。非必日照月臨之下而皆然也，必有一方焉如唐、虞、三代之中國也。既人力所不通，而方彼之盛，此之衰而不能徵之，迨此之盛，則彼又衰而弗能述以授人，故亦蔑從知之也。以其近且小者推之，吴、楚、閩、越，漢以前夷也，而今爲文教之藪。齊、晉、燕、趙，唐、隋以前之中夏也，而今之椎鈍駤戾者，十九而抱禽心矣。宋之去今，五百年耳，邵子謂南人作相，亂自此始，則南人猶劣於北也。洪、永以來，學術、節義、事功、文章皆出荆、揚之産，而貪忍無良、弑君賣國、結宫禁、附宦寺、事仇讎者，北人爲尤酷焉。則邵子之言驗於宋而移於今矣。今且兩粤、滇、黔漸向文明，而徐、豫以北風俗人心益不忍問。地氣南徙，在近小間有如此者，推之荒遠，此混沌而彼文明，又何怪乎！易曰「乾坤毁則無以見易」，非謂天地之滅裂也，乾坤之大文不行於此土，則其德毁矣。故曰「黄帝、堯、舜垂衣裳而天下治，蓋取諸乾坤」，則雖謂天開地闢於軒轅之代焉可矣。

俟解

俟解題詞

所言至淺，解之良易，此愚平情以求效於有志者也。然竊恐解之者希也，故命之「俟解」，非敢輕讀者而謂其不解，懼夫解者之果於不解爾。其故有三：一者，以文句解之，如嚼蠟然，而未嘗解之。以己反諸其所言、所行、所志、所欲，孰與之合，孰與之離，以因是而推之以遠大。此解者也，吾且莫俟之。一者，謂汝之所言者然也，而吾之所尚者異於是，是猶進野蔌於王公之前，非所甘也。虛其心，平其氣，但察其與人之所以爲人者離合何如，而勿曰汝能言之，未必能行之，況於我而焉用此爲，則俯而從之。此解者，吾且莫俟之。一者，則謂汝所言者陳言也，生乎今之世，善斯可矣。如汝所言，則身且不安，用且不利，吾焉能從汝哉！同此天地，同此日月，吾亦同此耳目，同此心思，一治一亂，同此世運，堯、舜之世不無惡習，夏、殷之末自有貞人，同汙合俗，不必安身而利用，亦何爲而不可自處於豪傑哉！此解者，吾且莫俟之。甲子重午，船山病筆。

俟解

衡陽王夫之譔

博文約禮，復禮之實功也。以禮治非禮，猶謀國者固本自强而外患自輯，治病者調養元氣而客邪自散。若獨思禦患，則禦之之術即患所生，專攻客邪則府臟先傷而邪傳不已。禮已復而己未盡克，其以省察克治自易。克己而不復禮，其害終身不瘳。玄家有煉己之術，釋氏爲空諸所有之説，皆不如復禮而欲克己者也。先儒謂「難克處克將去」。難克處蔽錮已深，未易急令降伏，欲克者但强忍耳。愚意程子言「見獵心喜，亦是難克處畢竟難克」。若將古人射御師田之禮，服而習之，以調養其志氣，得其比禮比樂教忠教孝者有如是之美，而我馳驅鷹犬之樂淡然無味矣，則於以克己不較易乎！顏子已於博文約禮欲罷不能，故夫子於是更教以克己，使加上一重細密細勘工夫，而終不舍禮以爲對治之本。若學者始下手做切實事，則博文約禮，如饑之食、寒之衣，更不須覓嚴冬不寒、辟穀不饑之術。且遵聖人之教，循循不舍，其益無方，其樂無已也。

讀史亦博文之事，而程子斥謝上蔡爲玩物喪志。所惡於喪志者，玩也。玩者，喜而弄之之謂。如史記項羽本紀及竇嬰灌夫傳之類，淋漓痛快，讀者流連不舍，則有代爲悲喜，神飛魂蕩而不自持。於斯時也，其素所志尚者不知何往，此之謂喪志。以其志氣横發，無益於身心也。豈獨讀史爲然哉！經亦有可玩者，玩之亦有所喪。如玩七月之詩，則且沈溺於婦子生計、鹽米布帛之中。玩東山之詩，則且淫泆於室家嚅唲、寒温拊摩之内。春秋傳此類尤衆。故必約之以禮，皆以肅然之心臨之，一節、一目、一字、一句皆引歸身心，求合於所志之大者，則博可弗畔，而禮無不在矣。近世有千百年眼、史懷、史取諸書及屠緯真鴻苞、陳仲淳古文品外録之類，要以供人之玩，而李贄藏書，爲害尤烈，有志者勿惑焉，斯可與於博文之學。

人之所以異於禽獸者，君子存之，則小人去之矣。不言「小人」而言「庶民」，害不在小人而在庶民也。小人之爲禽獸，人得而誅之。庶民之爲禽獸，不但不可勝誅，且無能知其爲惡者；不但不知其爲惡，且樂得而稱之，相與崇尚而不敢踰越。學者但取十姓百家之言行而勘之，其異於禽獸者，百不得一也。營營終日，生與死俱者何事？一人倡之，千百人和之，若將不及者何心？芳春晝永，燕飛鶯語，見爲佳麗。清秋之夕，猿啼蛩吟，見爲孤清。乃其所以然者，求食、求匹偶、求安居，不則相鬭已耳；不則畏死而震慴已耳。庶民之終日營營，有不如此者乎？二氣五行，摶合靈妙，使我爲人而異於彼，抑不絶吾有生之情而或同於彼，乃迷其所同而失其所以異，負天地之至仁以自負其生，此君子所以憂勤惕厲而不容已也。庶民者，流俗也。流俗者，禽獸也。明倫、察物、居仁、由義，四者禽獸之所不得與。壁立萬仞，止争一線，可弗懼哉！

以明倫言之，虎狼之父子，蠭蟻之君臣，庶民亦知之，亦能之，乃以樸實二字覆蓋之，欲愛則愛，欲敬則敬，不勉强於所不知不能，謂之爲率真。以察物言之，庶物之理，非學不知，非博不辨，而俗儒怠而欲速，爲惡師友所錮蔽，曰何用如彼，謂之所學不雜。其惑乎異端者，少所見而多所怪，爲絶聖棄智、不立文字之説以求冥解，謂之妙悟。以仁言之，且無言克復敬恕也。乃事其大夫之賢者，友其士之仁者，亦以驕惰奪其志氣，謂之寡交。居處、執事、與人，皆以機巧喪其本心，謂之善於處世。以義言之，且無言精義入神也。以言餂，以不言餂，有能此者謂之伶俐。鷄鳴而起，孳孳爲利，謂之勤儉傳家。庶民之所以爲庶民者此也，此之謂禽獸。

有豪傑而不聖賢者矣，未有聖賢而不豪傑者也。能興即謂之豪傑。興者，性之生乎氣者也。拖沓委順當世之然而然，不然而不然，終日勞而不能度越於禄位田宅妻子之中，數米計薪，日以挫其志氣，仰視天而不知其高，俯視地而不知其厚，雖覺如夢，雖視如盲，雖勤動其四體而心不靈，惟不興故也。聖人以詩教以蕩滌其濁心，震其暮氣，納之於豪傑而後期之以聖賢，此救人道於亂世之大權也。

君子小人，但争義利，不争喻不喻。即於義有所未喻，已必不爲小人，於利未喻，終不可納之於君子。所不能喻利者，特其欲喻而不能，故苛察於鷄豚，疑枉於尋尺，使其小有才，惡浮於桀、紂必矣。此庶民之禍所以烈於小人也。

梁惠王鴻鴈麋鹿之樂，齊宣王之好樂及雪宫之樂，孟子皆以爲可推而行王政。獨於利則推而及於大夫士庶，其禍必至於篡弑，言一及之，即如堇毒之入口。此理自天子至於庶人一也。私之於己則自賊，推之於人則賊人。善推恩者，止推老老幼幼而已，非己有仳仳之屋、蔌蔌之粟而推之人使有之也。禽魚、音樂、游觀，私之於己而不節，則近於禽獸。仳仳之屋，蔌蔌之粟，擅有之而置於無用之地，禽獸之所不爲也。孔子言「後其食」，言「不謀食」，君子忠厚待人之詞也。抑春秋之時，風俗猶淳，貪者謀食而已。食之外有陳紅貫朽無用之物，以斂怨而積之，自戰國始，至秦而烈，癡迷中於人心而不可復反矣。欲曰人欲，猶人之欲也；積金困粟，則非人之欲而初不可欲者也。流俗之惡至此，乃有食淡衣粗而務此者。君子有救世之心，當思何以挽之。必不可絲毫夾帶於靈府，尤不待言。

欲速成之病，始於識量之小。識量小，則謂天下之理、聖賢之學可以捷徑疾取而計日有得。陸象山、楊慈湖以此誘天下，其説高遠，其實卑陋苟簡而已。識量小者恒驕，夜郎王問漢孰與我大，亦何不可驕之有！苟簡速成，可以快意，高深在望，且生娼忌之心，終身陷溺而不知媿矣。見賢思齊而可忌乎哉！賢無窮，吾初不知有之境，賢者已至；乃至一得之善，吾且不能測其何以能然，而敢忌乎哉！見不賢而内自省，而可傲乎哉！不賢亦無窮，不賢者之所不爲而已或爲之，歸於不賢一也，而敢傲乎哉！立身天地之閒，父母生之，何以不忝？終日與人酬酢，何以不疚？會其理則一，通其類則堯不足以盡善，桀不足以盡惡。不可以意度，不可以數紀，方且無有告成之日，而況於速！故學者以去驕去惰爲本，識自此而充。如登高山，登一峯始見彼峯之矗立於上，遠望則最上之峯早如在目，果在目也云乎哉！

不獲其身易，不見其人難。艮以一陽孤立在二陰之上，陰盛之世，其庭之人皆無足見者也，其是非鄙，其毁譽誣，其去就速，其恩怨輕。苟見有其人而與之就，不屑也，流俗汙世不可與同也。見有其人而與之競，亦不屑也，其喜怒無恒，徒勞吾之喜怒而彼不受也。孤行一意，迴不與之相涉，方且忘其爲非，而況或取其一得之是！鳥獸不與同羣，唯不見其人而已。是以篤實之光輝，如泰山喬嶽屹立羣峯之表，當世之是非、毁譽、去就、恩怨漠然於己無與，而後俯臨乎流俗汙世而物莫能攖。故孔子可以筆削誅亂臣，討賊子，而凶人不能害；孟子可以距楊、墨，斥公孫衍張儀爲妾婦，而不畏其傷。不然，雖自信其皭然之志操，而謙退則逢其侮，剛厲則犯其怒，皆咎府焉，唯見有人而與之爲訢、與之爲拒也。三代以下，惟黄叔度其庶幾乎！爲陳寔則流，爲張儉、石介則折，皆行乎陰盛之庭而見有人也。

易曰「知鬼神之情狀」，然則鬼神之有情有狀明矣。世之所謂鬼神之狀者，髣髴乎人之狀。所謂鬼神之情者，推之以凡近之情。於是稍有識者，謂鬼神之無情無狀，因而並疑無鬼無神。夫鬼神之狀非人之狀，而人之狀則鬼神之狀。鬼神之情非人之情，而人之情則鬼神之情。自無而之有者，神未嘗有而可以有。自有而之無者，鬼當其無而固未嘗無。特人視之不能見，聽之不能聞耳。

雷者，陽氣發於地中，以有光響而或凝爲斧之石。斜日微雨霑苗葉，漸成形而能蠕動。於此可驗神之狀。汞受火煎，無以覆之，則散而無有；盂覆其上，遂成朱粉。油薪爇於空曠，煙散而無纖埃；密室閉窒，乃有煤墨。於此可驗鬼之狀。發生之氣，條達循理，可順而不可逆，神之所好者義也，所惡者不義也。焄蒿悽愴，悲死而依生，鬼之所惡者不仁也，所好者仁也。於此可驗神鬼之情。如謂兩閒之無鬼神，則亦可謂天下之無理氣。氣者生無從而去無迹，理者亦古人爲之名而不可見、不可聞者也。司馬遷曰，何知仁義，以享其利者爲有德。循名責實，必求其可見、可聞者以爲情狀，則暴氣逆理，而但據如取如攜之利，亦何所不可哉！鬼神者，聖人知之，君子敬之，學者盡人事以事之，自與流俗之下愚媚妖妄以求福者天地懸隔，何得臨下愚之深以爲高乎！

「明則有禮樂，幽則有鬼神」，人道之通於天，天德之察乎人者也。鬼神則視不可得而見，聽不可得而聞；禮樂則飢不可得而食，寒不可得而衣，亦奚用此哉！苟簡嗜利之人，或託高明以蔑鬼神，或託質樸以毁禮樂，而生人之心固有所不安，於是下愚鄙野之夫，以其不安之情，横出而爲風俗，以誣鬼神，以亂禮樂，皆苟簡嗜利者激而導之也。以草野之拱箸、酬酒爲禮；以笳、管、箄栗、大鈸、獨絃及狹邪之淫哇爲樂；以小說、雜劇之所演，游髠、妖巫之所假說者爲鬼神。如鍾馗，斧首也，而謂爲唐進士；張僊，孟昶像也，而謂求嗣之神；文昌，星也，而謂之梓橦；玄武，龜蛇也，而謂修行於武當，皆小說猥談。塗關壯繆之面以朱，繪雷霆之喙以鳥，皆優人雜劇倡之。而鬼神亂於幽，禮樂亂於明，誠爲可惡。乃名山大川，僅供遊玩，行歌互叫，自適情欲，取野人不容昧之情而澌滅之，則忠孝皆贅疣，不如金粟之切於日用久矣。存養省察之幾，臨之以鬼神則嚴。君民親友之分，文之以禮樂則安。所甚惡於天下者，循名責實之質樸，適情蕩性之高明也。人道之存亡，於此決也。

堂堂巍巍，壁立萬仞，心氣自爾和平。强如壯有力者，雖負重任行赤日中，自能不喘，力大氣必和也。毋以簞豆竿牘爲恩怨，毋以婦人稚子之啼笑、田夫市販之毁譽爲得失，以之守身，以之事親，以之治人，焉往而生不平之氣哉！故曰「未有小人而仁者也」，卑下之必生於慘刻也。學道好修之士，自命爲豪傑，於此亦割捨不下，奚足以與於仁！王龍溪家爲火焚，其往來書牘，言之不置，平生講良知，至此躁氣浮動，其所謂良知者，非良知也。夫子廐焚不問馬，故惻怛之心專注於人，人幸無傷，則太和自在聖人胞中，以之事親則底豫，以之立身則浩然，以之治人則天下歸之，此之謂良知。

吝似儉，鄙似勤，懦似慎。吝者貪得無已，何儉之有！鄙者銷磨歲月精力於農圃簞豆之中，而荒廢其與生俱生之理，何勤之有！懦者畏禍而避之，躬陷於大惡而不恤，何慎之有！儉者，節其耳目口體之欲，節己而不節人。勤者，不使此心昏昧偷安於近小，心專而志致。慎者，畏其身入於非道，以守死持之而不爲禍福利害所亂。能儉、能勤、能慎，可以爲豪傑矣。莊生非知道者，且曰「人莫悲於心死，而身死次之」，吝也、鄙也、懦也，皆以死其心者也。

凡事但適如其節，則神化不測之妙即於此。禮者，節也，「道前定則不窮」，秉禮而已。聖人自有定式之可學，但忽略而不知通耳。陳白沙與莊定山同渡江，舟中有惡少，知爲兩先生而故侮之，縱談淫媟，至不忍聞。定山怒形於色。回視白沙，神色甚和，若不見其人、不聞其語者。定山以此服白沙爲不可及。定山之怒，正也，而輕用之惡少，則君子之威亦褻。白沙抑未免有柳下不恭之意，視其人如鷄犬之亂於前。不恭者君子所不由，至此而二者之用窮矣。子曰「以吾從大夫之後，不可徒行」，秉周禮也。白沙已授詞林，定山官主事矣，渡江自當獨覓一舟，而問津於買渡之艇，使惡少得交臂而坐，遂無以處之於後，非簡略之過歟！聖人不徒行，但循乎禮制之當然，而以遠狎侮者即此而在。養其性情之和，不妄於喜怒容納愚賤，以使不得罪於君子，亦即在此。此即所謂聖而不可知也，無往而非禮焉耳。

羅念菴殿試第一，聞報之日，自袖米赴野寺講學，此賢於鄙夫耳。聞報之明日，即面恩拜命，乃君子出身事主之始，自當敬慎以俟，而置若罔聞，何也？名位自輕於講習，君父則重矣。詩云：「被之僮僮，夙夜在公。」婦人且虔虔夙夜以待事，而況君子！念菴此等舉動，自少年意氣，又爲陽明禪學所惑，故偏而不中如此。後來見龍溪之放縱，一意踐履，自應知當時之非。凡但異於流俗，爲流俗所驚嘆而豔稱者，皆皮膚上一重粗迹，立志深遠者不屑以此自見。

生汙世、處僻壤而又不免於貧賤，無高明俊偉之師友相與薰陶，抑不能不與惡俗人相見，其自處莫要於慎言。言之不慎，因彼所知而言之，因彼所言而言之，則將與俱化。如與仕者言則言遷除交結，與鄉人言則言賦役獄訟，不知痛戒而習爲固然，其迷失本心，難以救藥矣。守口如瓶，莫此爲至。吾所言非彼所欲聞，則量晴較雨，問山川，談風物可爾。若范希文做秀才時以天下爲己任，不容不詢芻蕘以達天下之情，然必此中瑩淨，不夾帶一絲自家飢寒利害在内，方可出而問世。不然，且姑自愛其口。若惡俗無恥，苦相聒厭，則當引咎自反，我必有以致此物之至，益加緘默，生彼之媿，勿容自恕也。

莊生云：「參萬歲而一成純。」言萬歲，亦荒遠矣，雖聖人有所不知，而何以參之！乃數千年以内，見聞可及者，天運之變，物理之不齊，升降汙隆治亂之數，質文風尚之殊，自當參其變而知其常，以立一成純之局而酌所以自處者，歷乎無窮之險阻而皆不喪其所依，則不爲世所顛倒而可與立矣。使我而生乎三代，將何如？使我而生乎漢、唐、宋之盛，將何如？使我而生乎秦、隋，將何如？使我而生乎南北朝、五代，將何如？使我而生乎契丹、金、元之世，將何如？則我生乎今日而將何如？豈在彼在此遂可沈與俱沈，浮與俱浮邪？參之而成純之一審矣。極吾一生數十年之内，使我而爲王侯卿相，將何如？使我而飢寒不能免，將何如？使我而蹈乎刀鋸鼎鑊之下，將何如？使我而名滿天下，功蓋當世，將何如？使我而槁項黄馘，没没以死於繩樞甕牖之中，將何如？使我不榮不辱，終天年於閭巷田疇，將何如？豈如此如彼，遂可驕、可移、可屈邪？參之而成純之一又審矣。變者歲也，不變者一也。變者用也，不變者體也。歲之寒暄晴雨異，而天之左旋、七曜之右轉也一。手所持之物，足所履之地，或動或止異。而手之可以持、足之可以行也一。唯其一也，是以可參於萬世。無恒之人，富而驕，貧而諂，旦而秦，暮而楚，緇衣而出，素衣而入，蠅飛蜨驚，如飄風之不終日，暴雨之不終晨，有識者哀其心之死，能勿以自警乎！

樸之爲説，始於老氏，後世習以爲美談。樸者，木之已伐而未裁者也。已伐則生理已絶，未裁則不成於用，終乎樸則終乎無用矣。如其用之，可棟可楹，可豆可俎，而抑可溷可牢，可杻可梏者也。人之生理在生氣之中，原自盎然充滿，條達榮茂。伐而絶之，使不得以暢茂，而又不施以琢磨之功，任其頑質，則天然之美既喪，而人事又廢，君子而野人，人而禽，胥此爲之。若以樸言，則唯飢可得而食、寒可得而衣者爲切實有用。養不死之軀以待盡，天下豈少若而人邪！自鬻爲奴，穿窬爲盜，皆以全其樸，奚不可哉！養其生理自然之文，而修飾之以成乎用者，禮也。詩曰：「人而無禮，胡不遄死？」遄死者，木之伐而爲樸者也。

唯直之一字最易蒙昧，不察則引人入禽獸。故直情徑行，禮之所斥也。證父攘羊，欲直而不知直，墮此者多矣。子曰「父爲子隱，子爲父隱」，隱字切難體會。隱非誣也，但默而不言，非以無作有，以皂作白，故左其説以相欺罔也，則又何害於道哉！豈獨父子爲然乎！待天下人，論天下事，可不言者隱而不言，又何嘗枉曲直邪！父而攘羊不可證，固不待言。即令他人攘羊，亦自有證之者，假令無證之者，亦無大損，總不以天下之曲直是非攬之於己，而違其坦然自遂、付物之是非於天下公論之心。即至莅官聽訟，亦以不得已之心應之，吾盡吾道，不爲人情愛憎起一波瀾曲折，此之謂直。隱即直也，隱而是非曲直原不於我一人而廢天下之公，則直在其中矣。

子之於父母，去一媚字不得。臣之於君，用一智字不得。口之於味，目之於色，耳之於聲，鼻之於臭，四肢之於安佚，小人之媚人也在此。而加以色之温，言之柔，其媚乃工。舜盡事親之道，此而已矣。辱之不避，斥之不退，刑戮將加而不憂，知必無可爲之理而茫昧不知止，可謂不智矣。已而以之窮困，以之軀不得全，妻子不保，不智之尤也。甯武子、劉子政、段太尉、方正學之所守，此而已矣。自非君父，則媚者小人之術，不智者下愚之自陷於阱矣。以處人之道事君父，以事君父之道事人，學術之不明，而害性情之正，故人不可以不學。

語學而有云秘傳密語者，不必更問而即知其爲邪說。「夫子之言性與天道不可得而聞」，待可教而後教耳。及其言之，則亦與衆昌言，如呼曾子而告一以貫之，則門人共聞，而曾子亦不難以忠恕注破，固夫子之所雅言也。密室傳心之法，乃玄禪兩家自欺欺人事，學者未能揀別所聞之邪正且於此分曉，早已除一分邪惑矣。王龍溪、錢緒山天泉傳道一事，乃摹倣慧能、神秀而爲之，其「無善無惡」四句，即「身是菩提樹」四句轉語。附耳相師，天下繁有其徒，學者當遠之。

無譽者，聖人之直道，而曲成天下之善即在於此。譽則有過情之言，因而本無此堅僻之志者，以無知者之推崇而成乎不肯下之勢，則力護其名而邪淫必極。如陽明撫贛以前，舉動俊偉，文字謹密，又豈人所易及！後爲龍溪、心齋、緒山、蘿石輩推高，便盡失其故吾。故田州之役，一無足觀。使陽明而早如此，則劾劉瑾，討宸濠，事亦不成矣。蓋斥姦佞，討亂賊，皆分别善惡事，不合於無善、無惡之旨也。翕然而爲人所推獎，乃大不幸事。孔子自顔子無言不説，子貢力折羣毁外，他弟子皆有疑而相助之意，不失其誾誾、侃侃、行行之素。固當時人才之盛，亦聖人之熏陶學者，别是一種氣象，自不至如蠭之遶王，薨薨扇羽也。況德未立，學未成，而譽言至乎！聞譽而懼，庶幾免夫！

天地既命我爲人，寸心未死，亦必於飢不可得而食、寒不可得而衣者留吾意焉。聖賢之言，皆不可食、不可衣者也，今之讀書者，以之爲飢之食，寒之衣，是以聖賢之言爲俗兖、妖巫之科儀符咒也。哀哉！

王介甫以經義易詩賦，其意良善，欲使天下之爲士者自習於聖賢之言，雖未深造，而心目之閒常有此理作鏡中之影，以自知妍媸而飾之。自王守溪以弱肉强食之句爲邱瓊山所賞拔，而其所爲呼應開合、裁翦整齊之法，羣相奉爲大家。不知天地閒要此文字何爲！士風日流於靡，蓋此作之俑也。子曰：「辭達而已矣。」有意不達，達而不已，拙也。無意可達，惟言是飾，是謂言不由衷。王守溪、薛方山之經義，何大復、王元美之詩，皆無意可達者也。爲士於今日，不能不以此爲事，能達其意，如顧涇陽可矣。黄石齋之文狂，黄蘊生之文狷，殆其次乎！

「侮聖人之言」，小人之大惡也。自蘇明允以斗筲之識，將孟子支分條合，附會其雕蟲之技；孫月峯於國風、考工記、檀弓、公羊、穀梁效其尤，而以纖巧拈弄之，皆所謂侮聖人之言也。然侮其詞，猶不敢侮其義。至姚江之學出，更横拈聖言之近似者，摘一句一字以爲要妙，竄入其禪宗，尤爲無忌憚之至。讀五經、四書，但平平讀去，涵泳中自有無窮之妙。心平則敬，氣平則静，真如父母師保之臨其上，而何敢侮之有！

陶淵明「讀書但觀大意」。蓋自漢以後，注疏家瑣瑣訓詁，爲無益之長言，如昔人所誚「曰若稽古」四字釋至萬餘言，如此者不得逐之以氾濫失歸。陶公善於取舍，而當時小儒驚爲迥異。乃此語流傳，遂爲慵惰疎狂者之口實。韓退之謂「爾雅注蟲魚」爲非磊落人，而其譏苟、揚擇不精，語不詳，則自矜磊落者必至之病。讀書者以對父母師保之心臨之，一謦欬、一欠伸皆不敢忽，而加以視於無形、聽於無聲之情，將順於意言之表，方可謂畏聖人之言。以疎慵之才而效陶公，自命爲磊落，此之謂自暴。

「唯仁者能好人，能惡人。」苟仁未熟而欲孤行，其好惡也必僻，則必有所資以行吾好惡者。與君子處，則好君子之好，惡君子之惡。與小人處，則好小人之好，惡小人之惡。又下而與流俗頑鄙者處，則亦隨之以好惡矣。故友善士者，自鄉國天下以及於古人，所謂「以友輔仁」也，謂引吾好惡之情而擴充吾善善惡惡之量也。

君子之懷刑者，常設一聖王在上、良有司奉法惟謹之象於衰亂之世，則其所必不可爲者見矣。亂世末俗之所謂不可爲者，有可爲者也；其所可爲者，多不可爲者也。出乎刑者入乎禮，豈惴惴然趨利避害之謂乎！

「毋友不如己者」，安所得必勝己者而友之！必求勝己，則友孤矣。恒人之病，樂友不如己者以自表暴，而忌勝己者不與之友，故切以爲戒。人之氣質，互有勝劣，動静敏遲，剛柔儉博，交相爲勝。忌其相勝，則取近己之偏者而與友，近己之偏則固不如己矣。以其動振己之静，以其静節己之動，以其剛輔己之柔，以其柔抑己之剛，以其敏策己之遲，以其遲裁己之敏，以其儉約己之博，以其博益己之儉，則雖賢不如己而皆勝己者矣。凡見爲如己者，皆不如己者也。從己之偏，己既有一偏之長矣，彼無能益而相獎以益偏，此之謂不如己。

守其所見而不爲違心之行，亦可謂之信，忘乎己而一於理之謂誠，故曰「言不必信」，一於理也。朱子謂：「衆人之信，只可喚作信，未可喚作誠。」蓋流俗之所謂誠者，皆不必之信。天下之物理無窮，已精而又有其精者，隨時以變而皆不失其正，但信諸己而即執之，如何得當！況其所爲信諸己者，又或因習氣，或守一先生之言，漸漬而據爲己心乎！

人之所爲，萬變不齊，而志則必一，從無一人而兩志者。志於彼又志於此，則不可名爲志，而直謂之無志。天下之事，無不可行吾志者，如良醫用藥，温凉寒熱俱以攻病，必欲病之愈者，志也。志正則無不可用，志不持則無一可用。婞婞然一往必伸者，介然之氣也。氣則有伸有屈，其既必遷。以此爲志，終身不成。

學易而好難，行易而力難，恥易而知難。學之不好，行之不力，皆不知恥而恥其所不足恥者亂之也。不學不行者有矣，人未有一無所恥者，乞人與有之。自惡衣惡食，宫室之不美，妻妾之不奉，所識窮乏者之不得我，至於流俗之毁譽，汙世之好尚，皆足以動人之恥心。抑有爲害最大而人不知者，師友之規諫，賢智之相形，不以欣然順受企慕之心承之，而憤怍掩覆，若唯恐見之，唯恐聞之。此念一蒙，則雖學而非其好，雖行而必不力，樂與讒諂面諛之人交，而忌娼毁謗，以陷溺於不肖之爲，皆無所不至。故恥必知擇，而後可謂之有恥。

直而濟之以慎，乃非證父攘羊之直。慎而用之於直，乃非容頭過身之慎。道聽之，塗説之，聞善則譽之，聞不善則毁之，縱心縱口，無忌憚而爲小人，直之賊也，惟不慎也。欲進而不敢進，欲退而不敢退，無取怨於人之道而猶畏人之怨己，無不可伸志之爲而猶隱忍而不敢爲，慎之賊也，唯不直也。一失足於流俗，則終身之恥不可洒，一得罪於清議，則百行不能掩其非，如之何不慎！慎者，慎吾之不直也。惟恐不直，則惟恐不慎。直而不慎，則爲似忠信之鄉原。慎而不直，則爲患得失之鄙夫。將以免尤悔，幸而免焉，鬼神謫之，況其不能免乎！

忽然一念横發，或緣舊所愛憎，或馳逐於物之所攻取，皆習氣暗中於心而不禁其發者。於此而欲遏抑之，誠難。如見人食梅，則涎流不能自禁，若從未嘗食梅者，涎必不流。故天下之惡，以不聞爲幸。聞之而知惡之，亦是誤嚼烏喙，以藥解之，特不速斃，未嘗不染其毒。親正人，遠宵小，庶幾免夫！若涖官聽訟，不容已於聞人之惡，乃易曰「無留獄」，曾子曰「勿喜」，非止矜恤之，亦以天下千條萬緒之惡不堪涵泳也。

末俗有習氣，無性氣。其見爲必然而必爲，見爲不可而不爲，以婞婞然自任者，何一而果其自好自惡者哉！皆習聞習見而據之，氣遂爲之使者也。習之中於氣，如瘴之中人，中於所不及知，而其發也，血氣皆爲之懣涌。故氣質之偏，可致曲也，嗜欲之動，可推以及人也，惟習氣移人爲不可復施斤削。嗚呼！今之父教其子，兄教其弟，師友之互相教者，何一而非習氣乎！苟於事已情定之際，思吾之此心此氣，何自而生？見爲不可已者，果不可已乎？見爲可不顧者，果可不顧乎？假令從不聞此，從不見此，而吾必不可不如此乎？吾所見、所聞者，其人果可以千古、可以没世乎？則知害之所自中矣。吾性在氣之中，氣原以效性之用，而舍己以爲天下用，是亦可以悔矣。如其不能自覺，則日與古人可誦之詩、可讀之書相爲浹洽，而潛移其氣，自有見其本心之日昧者。不知者曰：「吾之性氣然也。」人亦責之曰：「其性氣偏也。」嗚呼！吾安得性中之生氣而與之乎！

「伯夷隘，柳下惠不恭，君子不由」，君子之所恥如此其大也。聖人之瑕，且恥由之矣。降而爲天下之善士，有不足者，恥與之同；降而一國之善士，恥與之同其失；降而一鄉之善士，恥與之同其失，止矣。若夫人之與我不同類，其卑陋顛倒之爲，屑屑然以之爲戒，則將以幸不爲彼之爲而自足。嗚呼！吾之生也而僅異於彼乎！人之大小，自截然分爲兩塗，如黑白之不相雜。舍其黑而求全於白之中，雪也，玉也，且於雪、玉有擇焉，而但求白之異於黑乎！「三人行，擇其不善而改之」，聖人之大用，非爾所及也。

法語之言而從，巽與之言而説，即不繹、不改之心也。法言而能説，巽言而能從，説而後改，從而後繹，聞教之下，移易其情則善矣。巽言而説者，好諛之心也。法言而從者，無恥之恥也。待言而生改過遷善之心，已末矣，況但以聲音笑貌而易其情乎！

孟子言性，孔子言習。性者天道，習者人道。魯論二十篇皆言習，故曰「性與天道不可得而聞也」。已失之習而欲求之性，雖見性且不能救其習，況不能見乎！易言「蒙以養正，聖功也」。養其習於童蒙，則作聖之基立於此。人不幸而失教，陷入於惡習，耳所聞者非人之言，目所見者非人之事，日漸月漬於里巷村落之中，而有志者欲挽回於成人之後，非洗髓伐毛，必不能勝。惡他人之惡，不如惡在我。昔日之所知、所行、所聞、所見，高洋治亂絲，拔刀斬之，斯爲直截。但於其中揀擇可爲、不可爲，而欲姑存以便所熟習，終其身於下愚而已。

人之唯其意之所發而爲不善者，或寡矣，即有之，亦以無所資藉、無所印證而不圖其失已著，尚可革也。故唯其所發而爲不善者，過也，非惡也。聞惡人之言，因而信之，則成乎惡而不可救。故君子於人之不善，矜其自爲之過而望其改，其聽惡人之言而效之，則深惡而痛絶之。臣豈敢殺其君，子豈忍殺其父，皆有導之者也，導之者，皆言之有故，行之有利者也。國有鄙夫，家有敗類，以其利口强有力成人之惡，習焉安焉，遂成乎下愚不移，終不移於善矣。故聖人所以化成天下者，習而已矣。

做經生讀書時，見古今之暴君汙吏，怒之怨之，長言而詆誹之。即此一念，已知其出而居人上，毁廉恥，肆戕虐者，殆有甚焉。何也？其與流俗詆誹者，非果有惡惡之心，特以甚不利於己而怒怨之耳。有志者，其量亦遠。伊尹當夏桀之世而樂，何屑與之争得失乎！

且彼之爲暴、爲汙者，惟其以利於己爲心也。彼以利於己而爲民賊，吾亦以不利於己而怨怒之，易地皆然，故曰出而居人上，殆有甚焉。惡人之得居人上而害及人，天也。晦蒙否塞，氣數之常也，安之而已。退而自思，吾雖貧賤，亦有居吾下者，亦有取於人者，亦有宜與人者，勿見可爲而即爲，見可欲而即欲，以求異於彼而不爲風氣所移，則孤月之明，炳於長夜，充之可以任天下。

不得已而爲資生之計，言者曰惟勤惟儉。儉尚矣，勤則吾不知也。勤所以不可者，非惰之謂。人之志氣才力，與有涯之歲月，唯能勝一勤而不能勝二勤。吾自有吾之志氣，勤於此則荒於彼。雞鳴而起，孳孳爲利，專心並氣以趨一塗，人理亡矣。若夫儉，則古人有言曰：「儉，德之共也。侈，惡之大也。」儉所以爲德之共者，儉則事簡，事簡則心清，心清則中虛，而可以容無窮之理。而抑不至浮氣逐物，以喪其所知所能之固有。彼言資生而以儉與勤並稱者，非儉也，吝也。儉以自節，吝以成貪，其別久矣。吝而勤，充其所爲，至不知君父，嗚呼，危矣哉！天地授我以明聰，父母生我以肢體，何者爲可以竭精疲神而不可惰？思之思之，尚知所以用吾勤乎！

黄書

黄書

衡陽王夫之譔

原極第一

夫觀初始於天地者，豈不大哉！洋洋乎金以銑之，木以幹之，土以敦之，火烜、風撓、水裒以烝化之，彼滋此孕以繁之，脈脈門門、泮渙摶翕以離合之，故盛德行於無疆而不知其届也。然而清其族，絶其畛，建其位，各歸其屛者，則函輿之功所以爲慮至防以切。是故山禽趾疏，澤禽趾冪，乘禽力横，耕禽力縱，水耕宜南，霜耕宜北，是非忍於其泮散而使析其大宗也，亦勢之不能相救而絶其禍也。是故聖人審物之皆然而自畛其類，尸天下而爲之君長。區其靈冥，湔其疑似，乘其蠱壞，峻其墉廓，所以絶其禍而使之相救，故曰「聖人與天地合德」者，豈虚獲哉！夫人之於物，陰陽均也，食息均也，而不能絶乎物。華夏之於夷狄，骸竅均也，聚析均也，而不能絶乎夷狄。所以然者何也？人不自畛以絶物，則天維裂矣。華夏不自畛以絶夷，則地維裂矣。天地制人以畛，人不能自畛以絶其黨，則人維裂矣。

是故三維者，三極之大司也。昔者，周之衰也，誓誥替，刺雅興，鎬京淪，東都徙，號祭存，綱紐佚，詛盟屢私，數圻日兼，故抱器服而思烹溉者，日惻惻然移玉之爲憂。而聖人之所深長思者，或不在此，作春秋，明王道，内中夏，外戎狄，疑號者正其辜而終徠之，外會者斥其賤而等擯之。夫周之衰，非有匈奴、吐蕃、契丹、韃靼以爲之外逼也；陸渾、吾離、允姓、僑如之族種不能配中國之一名都也，燕之北鄙，秦之西陲，未嘗晨夕於奔命也。葵邱束牲而小白求三脊之茅，城濮館穀而重耳干隧道之請，周之玉步將上逼之爲兢兢，而聖人終不以彼憂易此恤者，則其故何也？文、武之興，昕履牧率，夕步天祚，濫唐沿虞，服夏禓商，承建列侯，各君分長，山河塞阸際蠻戎夷貊者，昔之天下也。既規規然惴其旁午，復鼎鼎然虞其上下，諸侯或僻介荒小，用寡捍强，以小藩大，勢詘於所守，力僅於所争，固未嘗不糾迴蜿蟺於聖王之心。夫廷萬國，一君長，挾尺捶而奔役四宇，功施鈇鉞，爛然開於共主而天下弗分其功名，聖人豈異人情而不欲此哉！然而山、河以西，師旦分牧。函、崟以東，召奭代理。五侯九伯，州長連率，經緯縫紩，割制員幅者，使之控大扶小，連營載魄。是故偏方遠服，不受孤警。連城通國，若運攬臂。則周之盛王所以維繫神皋，擯拒夷類者，意未有所弛而權不可得而衰。夷、厲而降，牧長無命，綱維潰破，鋒矢尋於同仇，牖户薄於外禦。是故孤竹蹙燕，淮夷病杞，鄭瞞、義渠侮齊、宋而窺河、渭，然而天子不能命伯。列侯之强大者矯激奮起，北斥南征，故斬令支，轢卑耳，拓西戎，刈潞氏者，猶赫赫然震矜其功以張赤縣之幟。彼其左旋右攜，夸武辟疆者，雖不足以與聖王權衡三維、裘領八極之盛心，而聖人猶將登進之，爲稍持其禍而異於澌滅也。是以周之天子賜胙，錫彤弓，命隨會，攽黻冕，賀任好，播金鼓，而不見譏於春秋。故曰「其事則齊桓、晉文，其義則某竊取之矣」，蓋進之也。夫莫三極，長中區，智周乎四皇，心盡乎來許。清露零柯而場圃入保，片雲合岱而金堤戒濫，吳呼好冠而晉視命圭，杞用夷禮而冑紲神禹，莫不逆警萌甲而先靖宮庭。是故智小一身，力舉天下，保其類者爲之長，衛其羣者爲之邱。故聖人先號萬姓而示之以獨貴，保其所貴，匡其終亂，施於孫子，須於後聖，可禪，可繼，可革，而不可使夷類閒之。然後植其弱，掖其僵，揚其潔，傾其滓，冠昏飲射以文之，哭踊虞祔以哀之，堂廉級次以序之，刑殺征伐以整之，清氣疏曜，血脈强固，物不干人，沴不侵祥；黃鐘以節之，唱歎以瀏之，故禮樂興，神人和，四靈集，而朱草、醴泉相踵而奔其靈也。今夫玄駒之有君也，長其穴壤，而赤蚍、飛螱之窺其門者，必部其族以噬殺之，終遠其垤，無相干雜，則役衆蠢者，必有以護之也。若夫無百祀之憂，鮮九垓之辨，尊以其身於天下，憒盈儔侶，眕畔同氣，猜割牽役，弱靡中區，乃霍霍然保尊貴，偷豫尸功，患至而無以敵，物偪而無以固，子孫之所不能私，種類之所不能覆，蓋王道泯絶而春秋之所大憖也。

古儀第二

自昔炎裔德衰，軒轅肇紀，閔阽危，鑄五兵，誅銅額，滌飛沙，弭刃於涿鹿之野，垂文鼓弦，巡瑞定鼎，來鷗夢弼，建屏萬邦，而神明之胄駢武以登天位者，迄於劉漢五姓百十有七后，豈不偉與！是豈有私神器以貽曾玄之心哉！而天旣不捨，靈光來集者，蓋建美意以垂家法，傳流雲昆，不喪初旨，羣甿蒸蒸，必以得此而後足於憑依，故屢瀆播棄，而卒不能舍去以外求宗主。蹟其所以壽冒天下者，樹屏中區，閑擯殊類而止。若乃天命去留，即彼舍此之際，無庸置心。要以衣冠舄帶之倫，自相統役，奠維措命，長遠醜孽者，寶以爲符，得人而遂授之。然而帝眷民懷，絲遊膠液，紛紛延延，彌保雲系者，則貿於相求而隱於相報也。迄於孤秦，家法淪墜，膠膠然固天下於攬握，顧盼驚猜，恐强有力者旦夕崛起，效己而劫其藏。故翼者翦之，機者撞之，腴者割之，貳人主者不能藉尺土，長亭邑者不能橐寸金。欲以凝固鴻業，長久一姓，而僨敗旋趾。由此言之，詹詹鑿陋，未嘗迴軫神區而援立靈族，豈不左與！漢承其敝，古型秦軌，白黑兼半，而强幹植條爲數百年之計者，亦自創異意，冥合十九。侯王封君，兼城占籍，鑄兵支粟，不爲禁戒。故長沙可以支三粤之侵叛，而燕旦受封制册之中，所以防遏獯鬻氏者三致意焉。景、武以還，推恩少力，酎金奪侯。雖鞹輔弱助，而命大將，遣單使，得以意行消息，權制士馬。而且金、虎、銅、竹，雖握禁闥，軍民部署，尤隆刺、守。故元、成運替，安、順爽凌，然而樓蘭、郅支，絶亢懸首；烏桓、羌部，躓駕伏尸。雖莽僭西都，丕奪許鼎，而南陽、益部連衍而接墜緒者，猶此枌榆之苗裔也。晉氏失計，延非族以召禍亂，中國隤隤，非無自致，而州牧分土，長其君，子其民，措施不拔，瑯琊以延。向使泮散消弱，守牧無資，十六國之戎馬精悍，非江東之所能敵也。六代文贏，漫不足紀，遺法餘力，僅支江介者二百七十年。使彼孱主孤邦，日斤斤焉以孤寡陵遲，倒柄藩牧爲慮，曾不足以建十年，而石、苻、拓拔已褰裳而絶安流矣。是故天下之勢，有合者，有分者，有張者，有翕者，有縱而隨者，强彼而固此者。故曰「大制不割」，樂天下之成而成之，選天下之利而利之。今夫柔鷙擊，輯縱横，驅合於農則實去。要愿朴，建脆弱，驅合於兵則名存。名存實去，則自忘其弱而喪其畛。方且割萬有，專己私，侈身臂，矜總持，不縱以權，不强其輔，則所以善役天下而救其禍者，蕩然無所利賴。此仁者之悲痡疾頞，而俗儒之利以爲名也。唐無三代牧伯帥長之援，無深仁大計，建民、固本、清族類、拒外侮之謀。竊尸寓農之遺號，强合兵農，分制府兵，徵發宿戎，壹聽於京師。此其法，足以數世速亡，而迄於天寶禍發始尅者，豈府兵之敗軌特遲哉？溯其僅存，尋其利賴，自西州沿北庭迄遼左，置督護、都督者不隨腹裏，得專措置。故一時大勳名將若李勣、薛仁貴、王忠嗣、郭元振之流，進止刑賞，不受中覆。選士馬，審機宜，滂沛椎酤，奴隸偏裨，下至乾沒，猶無所問。極重不返，而節度逆行，于天曆以成五季者，事勢瀾流洄漩，激而反倒其歸也。然且更迭閏位，圖籙弈改，石晉北傾，恃怙蠢醜，而并陽不拔，胡馬北首，數閱而仍歸中國，内强之效亦可覩焉。宋以藩臣暴興鼎祚，意表所授，不寐而驚。趙普斗筲菲姿，負乘鉉器，貢謀苟且，肘枕生猜。於是假杯酒以固歡，託孔云而媚下，削節鎮，領宿衛，改易藩武，建置文弱，收總禁軍，衰老填籍，孤立於强虜之側，亭亭然無十世之謀。縱佚文吏，拘法牽縶，一傳而弱，再傳而靡。趙保吉之去來，劉六符之恫喝，玩在廷於偶線之中而莫之或省。城下受盟，金繒歲益，偷息視肉，崇以將階，推轂建牙，遺風澌滅。狄青以樞副之任，稍自掀舉，苟異一切，而密席未温，嫌疑指斥，是以英流屏足，巨室寒心。降及南渡，猶祖前謀，蘄、循僅存於貨酒，岳氏遽隕於風波，撓棟觸藩，莫斯爲甚！夫無爲與者，傷之致也；交自疑者，殊俗之所乘也。卒使中區趨靡，形勢解散，一折而入於女直，再折而入於韃靼，以三、五、漢、唐之區宇，盡辮髮負笠，澌喪殘剮，以潰無窮之防，生民以來未有之禍，秦開之而宋成之也。是故秦私天下而力克舉，宋私天下而力自詘。禍速者絶其胄，禍長者喪其維，非獨自喪也，抑喪天地分建之極。嗚呼！豈不哀哉！夫石守信、高懷德之流，非有韓、彭倔强之資也，分節旄，擁鎮牙，非有齊秦百二，剖土君民之厚實也，談笑尊豆，兵符立釋，非有田承嗣、王武俊、李納之跋扈而不可革也。使宋能優全故將，別建英賢，顛倒奔奏，星羅牙錯，充實內地，樹結邊隅，一方潰茂，聲援谷響，雖逮陵遲，取資百足。亦何至延息海濱，乞靈潮水，皋亭納璽，硇島沈淵，終使奇渥吞舟，乾坤霾塞，瀆百年而需遠復哉！惟其塗蔽萬民，偷錮大器，瓦缶之量，得盈爲歡，嬰兒護餌，偃鼠貪河，愚夫之惑，智者哂焉。易曰：「其亡其亡，繫於苞桑。」苟有繫也，足以固矣，而必於苞桑焉。秦、宋之繫於苕枝而不知其根之拔也，故曰「前事之失，後事之師」，其來茲之謂與！

宰制第三

今欲取天下而宰制之，有聖人，反三維，起在位，度不十數傳，復有□□□□之等夷，狡焉思裂維而盜神器，如□所爲，彼固狃以爲故常，無足難也。而天下亦恬不知所怪，天地之氣相干淩矣，亦或羸槁不能爲人救。聖人堅攬定趾以救天地之禍，非大反孤秦、陋宋之爲不得延，固以天下爲神器，毋凝滯而盡私之。故易曰：「聖人之大寶曰位，何以守位曰人，何以聚人曰財。」非與於貞觀之道者，亦安足以窮其辭哉！天地之產，聰明材勇，物力豐犀，勢足資中區而給其衛。聖人官府之，公天下而私存，因天下用而用天下，故曰「天無私覆，地無私載，王者無私以一人治天下」，此之謂也。今欲宰制之，莫若分兵民而專其治，散列藩輔而制其用。今之自縣以上，三進而及布政使司，凡以治民者，自秦而下不能易也。縣隷府，府隷司，司受命於天子，足以呼響，無關格之疢矣。府治其屬，既不能專，其有事，旁撓於同、判、推官，而巡守兵備安坐其上以扼郡邑之呼吸，則分司之建可革也。山東府六而分司者十六，山西府五而分司者十三，陝西府八而分司者二十四，四川府九而分司者十七，或倍之，或參倍之。其佐倅遇府設焉，或稍浮於府，未有一道而兼制數府者也。所以束溼纏繫於知府者，可謂急矣。而一郡數邑，不得以制其短長之命，旦夕不測，其民視牧長，如逸兔之於鷩鷹也。況其爲天子守疆圉，取必而與城共命乎！魏尚之於雲中，李廣之於隴西，以一郡捍匈奴之名王者，事權重而戰守專也。故革分司，重府權，盡治其郡，設推官以贊其吏治，立武監以簡其兵賦，兵賦所講，受成於府，有所徵發，府受臺許而遣之。刑名、錢饟、驛置、屯田、水利，奏最於兩司足矣。夫撓郡權而臨其上者，不過治府緒之餘，而形隔勢礙，推委以積其壞。是龐睫儋耳無益於視聽而益損其官也。自郡上之，爲民之治者受於司，爲兵之治者請仍巡撫使之任，而去其京衛，定其鎮地，制其厄塞，重其威令，僉其勁鋭，閒其文武，假其利資。七者具修以置藩輔，各戰其境，互戰其邊，行之百年，以意消息，中國可反漢、唐之疆，而絶孤秦、陋宋之豐禍也。中區之地，四戰用文，河山用武，沙衍耐騎，箐峒耐步，江海耐舟，麥食耐勇，稻食耐智，雜食耐勞，廣土墳爭，崟崎壁守，鹵國給鹺，澤國給積，澇鄉給魚，赭山給鑄，林阜給荈，邊徼互馬，殷道課關；其它連錫、絲枲、筋鰾、皮革、蒲篠、硝黄、翎毛、杉柟、罔桐、栟櫚、漆林、苧絮之所産者，可相輸而各奏其利。大司農不登之書，非中監漁採，則豪猾墨吏兼并閭右之所攘也，一切取足，其瘠疲不耐給者，百之四五。故曰利資可假，勁鋭可僉，厄塞可制也。請置河北、山東爲一使，江北、濟南爲一使，河南、荆北爲一使，燕南、河東爲一使，關陜、秦、隴爲一使，荆南、江右爲一使，江南、福、浙爲一使，巴西、瀘南爲一使，南贛、嶺海爲一使，嶺西、桂、象爲一使，滇、黔、洱海爲一使。此十一區者，用武地六，用文地四，兼錯犬牙率得險者，或十六七，或十三四。因舒蜿，隨原隰，各固其圉，取材其産，蒐其軍實以聽邊關之不時。畿輔爲一使，左輔爲一使，右輔爲一使，大同爲一使，延綏爲一使，寧夏爲一使，河西爲一使。此七區者，戰地十九，内地十一，大司農因漕委輸，轉十五司之粟米以灌注之。滑州襟帶黄河，右腋太行，左腋鉅野，臨制河南之膺膈，一要區也，河北、山東行臺治之。其地起大名，北有廣平、順德；南有彰德、衛輝、封邱、延津、陽武、原武；東得東昌、濟南；東傅於海，得益都、臨淄、樂安、博興、壽光、昌樂、臨朐、高苑；又東得登、萊，極於海；西得懷慶、潞安、澤、沁，扼太行，窺冀、晉，傳於山。洛陽据土中，左京、索，右潼關，三塗、岳鄙，神明之區也，河南、荆北行臺治之。其地起河南，東北得汝州、開封、許、禹、鄭之屬邑，窮於滎澤；東南得南、汝；南得襄、郢、承德；西南得興安、平利、石泉、洵陽、紫陽、白河、漢陰；濱漢、沔，閒潢、湞，承楚脊，控關南，東固汝水，放於淮。徐州憑黄流，睨大江，披帶長淮，東枕瑯琊，咽鬲南北，一要區也，江北、濟南行臺治之。其地起徐州，東南得鳳陽、淮安；南得廬州、安慶、黄州、滁、和，盡於江；東北得兗州、安邱、諸城、蒙陰、莒州、沂水、日照；北阻大峴；東傳於海；西得歸德、太康、陳州、商水、西華、項城、沈邱，窮於汝、潁之交。太原以故晉之墟，左山右河，北阻忻、代，士馬勁疾，險障重沓，一要區也，燕南、河東行臺治之。別治晉陽，別嫌藩司，形勢無相互格。其地起陽曲、太原、榆次、太谷、祁、徐溝、清源、交城、文水、壽陽、盂、靜樂、平定，割鴈塞以爲大同守；西南得汾州、平陽、遼州；西畫河；南不盡太行，以壯澤、潞；東出土門，歷常山，得真定，彌亙絡繹，以承右輔之或羸。咸陽居渭流之北，與長安相望，秦川八百，關河沃衍之區也，關陝、秦隴行臺治之。別治渭北，別嫌藩司，形勢無相互格。其地起西安，北盡北洛，界梁山；西南得鳳翔、漢中、寧羌之屬，割興安界河南爲右腋；西得鞏昌，阻陰平，鎖蜀漢；北得平涼、華亭、鎮原、崇信、涇州、靈臺、安化、合水、寧州、真寧、狄道、渭源、慶、洮、平涼諸邊之劇邑，割實邊藩，爲所保守，有秦川供三邊之奔命；又西得岷、洮；　北阻蕭關；　西戒河、湟，以司茶馬之居戢；　又西不盡于生番。武昌，長江東下，清漢南來，雄挽中流，搏鑾中引，江外一要區也，荆南、江右行臺治之。治故鄂城，別嫌藩司，形勢無相互格。　其地起武昌，逾江得漢陽，阻涢水；　南得岳州、長沙、衡陽、安仁、衡山、酃縣、耒陽、常寧，訖南條；　西南踰洞庭，得荆州、辰、常，泝於沅，有黎平、平溪、清浪，迄於偏鎮，中括施、撒、永定、永順、保靖，兼漢土；　西又南，得邵陽、新化，分資水爲南塞；　東得南昌、瑞州、九江、袁、臨、饒、廣、南康，包彭蠡，有江右之衍區；　諸挾嶺爲閩、廣脊，受無賴者，割以爲南贛守。　鎮江因京、峴，緣揚子，西接漢、岷，北拒淮、泗，漕守山東，俯拾建業，一要區也，江南、福、浙行臺治之。　其地起鎮江，得蘇、松、常州、廣德，西上夾輔應天，沿江得寧國、池、太；　東有徽州，倚三天子鄣，沿漸江，東有全浙；　循海而南，得福、泉、興化、福寧；　渡江北直海門狼山，鎖大江，得揚州，盡淮東；　罄折江海，索腴賦，休士馬，輝戈船，根抵南國，以備倭盜而資山東之奔命。　合州，三江所會，魚復、僰道、褒駱、武都、嚴道、夜郎之所奏而會，一要區也，巴西、瀘南行臺治之。　其地全有四川，自威、茂、雜谷、天全、黎、邛、昌，跨大渡，度相嶺，右遶東川烏撒、烏蒙界水西，盡轄土夷；　南渡烏江，得平越；　東北上，得清平、興隆、思南、石阡、思州、銅仁，窮五塞，南盡於沅。　贛州咳頤梅關，延紆嶺塞，注瀉海嶠，絡引大帽、浰頭、東鄉之條紀，武備所嚮，樓船步卒之衡，一要區也，南贛、嶺海行臺治之。其地起贛州、南安，西得郴、桂、臨、藍、嘉禾，盡楚猺地；北得吉安；東北緣山，有建昌、撫州，故盜區藪；下杉關，得延平、邵武、建寧，南迤汀、漳，窮於海；次海濱，得惠、潮、廣州，蔓引連陽，與臨桂會，而西盡於灕水之交。梧州控肘楚嶠，垂臂瓊海，是灕潭、牂牁灑江之下遊，逆邀其所趣，土、漢噤喉之要區也，嶺西、桂、象行臺治之。其地起梧州，東得肇慶，窮於灕口；東南得羅定、高州、雷、廉，南極交趾，濱於海；渡海得瓊；西泝三江，全有廣西；北越秦城，放湘源，得永州、武岡、城步、新寧、靖州，通西延、古泥之徑；尋左江西上，得都匀，犬牙楚、黔，界於播夷。大理，葉榆所派，金、滄所維，北捍土蕃，南覆撾、甸、六詔，上游之雄徼，一要區也，滇、黔、洱海行臺治之。其地全有雲南，並夷部，東逕縣度出箐道，得貴州西境；東有貴陽，訖乎新添北緣、陸廣、赤水、烏撒而界於瀘南；沿平伐、鎮寧，頂營募役，鑿初道以通乎泗城，而西南窮於交趾。於是登其甲乘，制其刑典，宅其賞罰，司其汰補，寬其蹤指，要其連系。盜賊踞山谷汎洋汛者，府自部討之，聞於臺。盜名城，躪旁邑，暨小夷之竊發，臺部討之，聞於司馬。邊徼奔命，巨寇彌延，羽書馳於司馬，下檄臺使，因其形勢，奔走疾呼，以應其鄰左；勞逸腴瘠，摶隘勁脆，以視其往來。滑臺涉鉅鹿，通天津，以紆左輔。徐州沿淮、泗，下盱眙，以固江南，東放瑯琊以應登、萊之不逮。河南蒐練腹裏，開花園、黨子，西南綴上庸甌脱，紆秦、蜀，制山南，北守黃河，犄角畿南而撫其怠。太原居西，補河曲，急則東紓右輔，或出鴈塞以應大同。關陝阻關自保，聲勢山河，視其旁午，連川河以軫綏寧、河曲之恤。江、湖、贛、嶺、巴、蜀、滇、黔，既隨以蠻夷、海汛分其所守，就近參援而調置往來。泝大海，沿淮海，以紓山東；入武關，繞松、洮，以紓關外；或馳孔道，下冥阨，騁大梁，絶黄河以衛京畿。因裹粻兵，取給於十五使司，登大司農而受裁於廟議者，皆以流蕩營魄而振戴根本也。臺之所治，或千餘里，或二三千里際荒陲，容受不軌，卒相摇動，禁制不時。河北則東登、萊，濱海綫通海、蓋；西澤、潞，太行伏戎。河南則襄陽受沔下游，制鄖，西受夔、庸逋逃。江北則安慶以名城阻江、楚。江南則温州總海以須島夷，蕪湖對濡須直江北之衝。荆南則沅州領苗夷，殷黔道。關陝則階、文制生番，匡川北之不虞。巴西則馬湖逼瀘水，亢嗉南中，威州孤懸烏術，垂制江外。南贛則潮州承閩而分海汛。嶺西則雷州障交夷，縣窮髮；慶遠南邕田、泗，西繫那丹，以通都泥。滇黔則貴陽總綫道，飛繫荒遠；楚雄殷六詔之中，右哀牢，左特磨，直下車里、老撾以距南醜。凡各分司以鎮之，而受其生死動静之數於臺。武監之治，請視兵賦之多寡。弱郡并之，勁郡專之，或羸置之，以登成於知府，而受其生死動静之數於臺。故指臂相須，而批導形便也。諸行邊領重鎮者，地儉於腹裏，而芻粟士馬，節制旍旄，秩等部從，不亞於中區，或覆增之，系其任。或卿尹出牧；或他臺使以崇望右陟；或大將起裨校，威信足恃賴，以大將軍行使，系其人。昌平屏擁翠微，衡蓋輦下，左古北，右居庸，畿輔行臺治之。起喜峯，出定州，西至延慶，爲其守；北抵灤西清兀良哈之塞。永平東北極徼，環海循山，外邀三岔、白狼之險，東醜之所出入也，左輔行臺治之。接喜峯，畫灤水，東盡關門，沿海下天津爲其守；東北出三衛金源故地，窮興中、大定，東搗開、鐵，靖其庭穴。宣府有偏嶺、飛狐之勝，繁饒悍鷙，直開平之吭，右輔行臺治之。起懷來，阻桑乾，西抵廣昌爲其守；北出興和，擴亭障，斥地沙漠。大同平衍廣野，内護句注，散戰之區也，大同行臺治之。内連廣昌，北出天城、陽和，遶黑河而西，盡東勝，遵濁河，下偏關，抵河曲、保德，畫大河爲其守；渡黑水，擊雲内，奏集寧斥豐州之塞。葭州外控榆林，左拊西河，保甘泉之外障，延綏行臺治之。東起黄甫，際河而西，西抵花馬池之右，懷抱環、慶爲其守；直北清河，南修受降之遺地。寧夏左省嵬，右賀蘭，赫連兀卒之自雄其都也，靈武之所由收關、洛也，寧夏行臺治之。修楊制使之遺塞，東起花馬池，東盡蘭州爲其守；北踰賀蘭，馳燕支之下。甘州縣綴新秦，壤地數千里，孤峙以制西夷之生命，河西行臺治之。東起莊浪，西極嘉峪，南遶西寧、歸德，渡磧石，抵河州爲其守；出酒泉，修瓜、沙之塞，横亙自保，以維西陲；餘力蓄士馬，奔他邊之棘；相附郡邑，守隧所統，往來所奏，則分隸其臺。畿輔得保安、延慶、順天，效上供之餘。左輔得永平、河間、天津。右輔得保定、萬全。大同得大同、忻、代、岢嵐、保德之屬。延綏得延安、環縣。寧夏得六衛、中衛、靖虜、固原、靜寧、莊浪、隆德、蘭州、金縣。河西得甘、涼、肅、莊浪、西寧、鎮番、永昌、河州。以資其芻牧、工匠、孳養、鼓鑄之用，丁男輓運、城堡築浚之役，征調遊弈，視中區爲費。司農寬賦役以休息之，疲者不賦於大官。藩司登計其入，移臺用者十可三四給也；不足，仰於腹裏。行漕開中，不盡於京師，便歸其塞。膠、萊漕關東、汴渠、屯氏。沽、潞漕畿，分漕萬全。桑乾漕大同。淇、沁漕太行，浮於河。河漕延綏，浮渭抵陝，濟寧夏。河西不足漕者，牛車橐驢之所任也。渠河流，潤苦壤，修屯積粟，大農濟其畚臿，稍給牛具金鐵之資焉。凡軍伍之僉，中區之厚土、烈風、山箐、水國之任爲兵者，可數也。邊徼先其土著，閱其子弟，蕃其牧養，不足，請命踰臺以調益之。中區各僉其治毋踰，十八而傅，六十而老，廢疾而給，及身而放，不傅子弟；子弟以丱角從軍，驗其嫻熟精僄者傅之。榆關而西，極乎大同，其民小悍。延綏、靈、朔、環、慶之區，其民大悍。莊浪度河，甘、涼、洮、岷之間，其民小悍。皆家丁子弟之聞於天下者也。澤、潞、太行、河北、山東之弓馬。登、萊海舟，死走鹽利。南陽毛葫盧之桑弓、毒矢。鄖陽雜五方，依老山，沿漢而上，南通庸、蜀流民之苗孽。廬、鳳習江北，輕生樂禍，舒、皖、六安茶山射獵之徒，勁弩藥鏃，洞中沸糜。木陵、黄土、新市之脊，共爭之區，依砦步鬬者，以寡擊衆。太原、汾、遼、易、定之間，趙、代也，民小悍。京口慓鋭，沿江海者浙爲下，義烏之步卒，青溪之亡命，其族故存。徽之行賈，便習劍擊，宣、涇喜弩獵，在江表爲强。福、廣瀕海習舟，依山習步，猿接猱跳，飛瓦攫檣。贛、撫、汀、建依山者嗜利喜死，撫、建爲下。辰、沅而西，起永定筸子，放乎雲、貴、宋、蔡、犵玀，西南之尤悍者也。蜀沿江有巴、渝之遺，汶、黎、松潘相嶺沖天之徼，東繞馬、瀘，訖黔、酉土司，各以標鎗、利弩、火器、革韇之資，耐勞奔險，樂死好鬭。南、太狼家盡泗城而西，不下數十萬，顧保其區，不戰散地。其他一邑一鄉，頗有勁悍者。守監隨多寡占募，不以額僉如府兵、彍騎、禁廂、衞所之制，老死子孫而誅及疲劣，則上下數百年中區之材用，可因時消息而登之用也。夫捐父老，犯零露，踐伏尸，閒熛火，爭死於百一者，涖以潔清皭白之率長，使啖糲茹藪，窮年永歲，無釃酒、割鮮、蒲塞、馳射之歡，攜修眉、聽囀歌、靡濫柔暖、妖孌絃索之戲，則蛇慵麏散而不可止。故牛酒時作，金錢飛灑，所以買桀驁之死心也。而况旗幟、帷幛、弓矢、刀矛、火器、馬疋、鞍韉之精銑，率不再歲而敝壞與！夫閒諜、偵探、遊賓、説客、死士之往來，國家不能括資於經費之中，則假臺使以權，寬其繕具。倘如昔者守司農所敓，率不得請，請不得報，報不得速，事機先失，守文吏隨持其後，此以約束庸愚而坐自弱其勢矣。今夫中區之産八，穀不與賦於大農，其滂溢横射，走天下全利者，鹺政爲上。淮安、通、泰隸兩淮者，北食陳、汝，南食長沙，利參天下之一。長蘆領北海，食畿下。山東領膠東、濱、樂，並食徐、邳。解池三場食兩河，屆澤、沁。陝西領靈州池，障西和井，食隴右。河西山丹紅鹽，居延白鹽，稍食其地。浙江領許村、仁和、嘉興、松江、寧、紹、温、台，食吳會。福建自食。廣東食嶺東、南海北，兼食廣西，北食衡、寶。雲南黑白井自食。四川領成都、富順、涓川、榮昌、大昌、開縣、鹽亭諸井，食其地。或因其產，或因其食，隸之臺治。商引料價，批雜税，割太倉之半，分畀臺使。開中者聽其自募牢盆，稍食稍取給焉。川、湖、六、霍，茶荈之所出也，鉛、鐵、銅、錫爐，甘、苧、竹有所產，吳松原蠶，濱江蘆荻魚利，山後石煤，邊番互市，福、廣番舶，滸墅、臨清、九江、蕪湖、梅嶺、錢塘以放闗，市船碁布絲縈者，閒飽漁侵。使臺使諸得自領，會出其餘，以佐他鎮之歉迫，臺無上計，部無授程，悉俟九載以奏其出納，而納其奇羨。於是因贏餘，飭六師，精器備，廣城堡，溢賞格，走死智勇於邊徼殺戮之地，爲天子使。是故中國財足自億也，兵足自强也，智足自名也。不以一人疑天下，不以天下私一人，休養厲精，士佻粟積，取威萬方，濯秦愚，刷宋恥，此以保延千祀，博衣、弁帶、仁育、義植之士甿，足以固其族而無憂矣。

慎選第四

萬族蒸蒸，各保其命，各正其性，所以爲之者，豈非天哉！飲食而有血氣，陰陽而有生死，天之同人於物也。出塵舒光，漂輕存重，變不變以爲信智，敢不敢以爲仁勇，拔萬類而授之人，拔人族而授之聖賢之族，天之異人於物、異聖賢於人也。同者爲賤，異者爲貴，以有尤貴滋性而統君之。無同則害命，無異則淪性。故聖王齊物以爲養，從天之同也；别物以爲教，寵天之異也。從者差養，寵者辨教，瀓汰滓魄，濯洗清明，分萬命，理萬性，揀其粹白以珍之萬族之上，所以助天而保合太和者，始於大公而終於至正也。虞書曰：「日宣三德，夙夜浚明，有家日嚴，祗敬六德，亮采有邦。」等而上之，知九德之有天下明矣。家邦以給之，三六以别之，德以畫之，俊乂咸事，來章一人。天下之大，萬民之衆，審其所撰，忖其所藏，由臣之不虚貴也，知主之不虚王也。如此，則踞天位而長萬邦者，彼何人哉！德未至，不敢干。德已至，不敢越。井井然猶牆堞階阤之累上，故奇傑意消，聰明思返，卒以奠大寶而徠尊親矣。故同、異、貴、賤、差、辨，此六數者，聖王所以正天下之性，效陰陽之位也，而一以胥天下之和平。尚其所尊而鼓鐘以樂之，則和矣。量其不能而桑畝以安之，則平矣。故怨讟不起，而姦宄息也。三代以降，漢之選舉以郡邑州將，曹魏、六代以大小中正。始於揚汰，終於浮濫，褻薄天寵，流觴婾競者，往往弊自上開。而當其嚴整，猶有差别之足紀焉。隋承陳、梁之末造，宫體先吹，文爭實長，其曼聲、曳趾、挑綺、拾英之流習，濫於崇朝。科目之興，尋遠古則然，世會所爭，不能逆流而泝之上矣。因緣其軌，欲以稍靜天下者，固當心載大公，較隆天秩，則異非所異而寵殊所寵，猶可以徐俟和平，來附人心，而明貴賤之級。流及於宋，竊竊然唯恐天下之異心也，師武塈之智，開籠絡之術，廣進士、明經、學究之科，下逮七科、乙等之目，推郊祀、任子、異姓甥壻、門客之恩，摇蕩誘餌天下於堂陛嫌微之際。而當時桀黠者，亦微測上旨，倒持來去，以邀榮膴，不得則李巨川、張元、吴昊之流憤起而播其亂。其君臣之間，猶發篋行儈之相爲禁持，故和平去心，而粹白失性，胷中區而淪虐老獸心之俗者，非無所自開其源也。近世之爲政者，踵而用之，增文學，益解額，倍制科，升乙榜，推恩鄉貢，職名不足，綴冗員、速資格以濟之，而天下之怨亦由是而興。夫天下，恩之不勝恩也，怨之不勝怨也，恩之所止，怨之所流，故曰「和大怨者必有餘怨」。而竊天地之恩以鬻販人民而膠飴其心，施天下以私而責其公報，猶假敵戈鋋，望其稽伏，其不傷脰陷胸於彼者，蓋亦鮮矣。詩曰：「鳲鳩在桑，其子七兮。」淑人君子，均平專一，而風流雛鷇，無私之謂也。故孔子射于矍相之圃，退者十九，早知不能而使退，故法嚴而怨不起。今廣其科目於此，人倖得焉，而得者百一，則怨一矣。捷其資格於此，人倖速焉，而速者十一，則怨二矣。兩者皆以恩天下也，而貿其怨。故士自授經成讀，昧偏傍，盲語助，老死童子者，皆有怨心。其極則躡六卿，登黄閣，皓髮返林，賜鏹馳驛，祖帳煇煌於傳亭，而閒語乘輿，猶戟髯把攬，呃塞而不得語。彼親天子之側者，乖沴横塞，奴虜駔販如此，其他上偪下流，畜狡伺而幸翻覆，侵尋沈淖，尤不知其所届。是何也？始誘之以甚易，而後繼之以極難也。弓之解也，膠液筋緩，則熯而張之。承今之敝，建小康之術，莫若先其甚難而後稍授以易。先其所難，則知不能者退矣，猶矍相之射也，廢然而無妒娼之心矣。是故以賢者厠不肖，不肖者忮；以不肖者厠賢，賢者慚。慚發於賢者，故拾橡織絇，憤棄君父之憂；忮發於不肖，潰決姦宄，鬱不可折之勢以讐君父，長亂階，不瀕之亡而不止。坤之履霜，不肖之忮也；括囊，賢人之慚也。賢人隱，弑逆作，相乘之理，漸不知保，豈一朝一夕之故哉！是故順異同，立差辨，以小人養君子，天之制也。觀其所養，故養而不窮。今一邑之小，補生徒者養於民，成歲貢者養於民，偕鄉計者養於民，登進士者養於民，授職官者養於民。五累而上，養之益豐。五降而下，養之益繁。而又無以觀其所養，博泛叢闒，登進苟且，其一切所爲，卒無以異於闤闠拚除卒伍之行。籍起上流，尸避徭役，公私謁請，流連嬉讌，以操細民之生命。其不一旦得當，裂冠冕而洩其不堪者，寡矣。裁生徒，節貢舉，省進士，謹資格，持之以難，擇之以慎，天下乃曉然知上所尊尚之旨，其不容苟且如此，而抑歡然奉養於長吏孝秀而永謝其望心。況累是而上，享玉食，蹈天位者，不愈震耀肌魄以推戴莫京哉！故差其所養，別其所教，埶相成而功相倚也。王者規天道，長萬族，順其所從，珍其所寵，則性命正矣。累上以爲益尊，則天位凝矣。忘恩以遠怨，則和平臻矣。節養以息民，返不率以歸農，則民志定矣。革陋宋鬻販之私，則大公行矣。百年之內，乘千歲之弊，仍科目而滅其額，核資格而難其選，則始基立矣。然後抑浮藻，登德行，立庠序，講正學，厲廉恥，易科目，升孝秀，俟之必世之後而天氣清，人維固，禽心息，□行泯。沄沄陶陶，太和旋復。詩曰：「文王在上，於昭于天。」言其贊助清明，而扶光霄極，叶天道也。

任官第五

董子曰：「仁者人也，義者我也。」以仁愛人，以義制我。以仁愛人，不授以制而盡其私。以義制我，不私所愛而厚其疑。惡有爲天下王者自愛而制人，可以宰九州，建千祀者乎！且誠非所以自愛。天有四時、五行、四方，各位其位，時其時。不疑冬之淒苦而閒以燠；不疑夏之歊暑而閒以寒；不疑西北之有崑崙，崇隮崟崔，隔己而陵夷之；不疑東南之有尾閭，淫浸沈没，汎己而堙燥之。四時、五行、四方各行其職，胥以歸功，蓋相報也。詩云：「投我以木桃，報之以瓊瑤。」言齊桓推亡固存，以誠信禮衞，燬於兩河胠吻之閒而不相疑，故取似實果而贈美瓊瑤也。王者拜貺天醮，宅履中區，感河流光，承劍啓玟，以貽後世，得之丁寧，付之鄭重，固其所也。然三、五之代，以曆迭興，或及身而授，或數十世而授，卒不越神明之胤。惡有如趙宋之削其援，弱其族，以□之□□者乎！彼耶律、完顏、奇渥温之初始，亦嘗分尺土，籍一民，伏莽齧堤，以爲窺竊之資也哉！若晉、宋、梁、唐之末造，僭偪孤寡，權壅上流，彼畀受苟簡，日習而次垂之，此又無庸致怪也。流風沿遞，疑積相仍，乃至論道之職，喉舌之司，六官之長，旬宣之使，下及郡邑，城不足百雉，户不滿三千者，盈天下而無非疑地。以爲不可疑也，是戈矛填心而馯匏割腕也。以爲可疑也，是授蹻、蹠以筦鍵而稍滯其户牡也。以爲疑在此而制以彼也，是忌貍竊雞而閑之以狐也。舜之命官也，禹陟司空，宅百揆，棄爲后稷，契作司徒，皋陶作士，伯作秩宗，夔典樂，教胄子，龍作納言，各專其采。雖稽讓從容，后心載俞，而旁任必咈，其汝諧以往者，共工百度之藪，虞理名山大澤之長也。故勞謝專尸以體其愛，道孤獨贊以去其制，則仁義立而天工亮矣。天地之氣，刑德相召，禍喜相感。甘草兆熟，苦草兆饑。醴泉甘露，不流桀池。夾珥陰風，不淒堯宇。誠由誠往，疑用疑來。是故五臣、十亂、酇、留、馮、鄧之侶，布心灑血而不恤，彼有以召之也。李廣之射石，非虎也而飲金没羽。誠以拔之，則小人革面。疑以任之，則君子寒心。是故豫生飲藥於趙都，百里行哭於秦族，越石授命於并陽，袁、劉糜姓於臺下，楊業介馬以喪元，余闕憑城而濺血。此數子者，事二姓，棄舊君，比匪類，仕僞邦，非有皦日白水之疇昔也，而一旦甘死趨禍，大貿其夙夜之狂心者，豈非任服躬而難委，誠推心以必讎者乎！故專任者不期報而報臻，疑投者不期欺而欺應矣。今命官之制，在外者，一縣之令，丞、簿不聽命焉。一郡之守，同知、判、推不聽命焉。一司之使，分以左右，二參、副、僉不聽命焉。文移印信，封掌押發，登於公座，唯恐長官之或偷也，而鉗束之如胥吏。行未百年，法已圮壞，猶使藉口公座，脱獨尸之咎，疑制之患，已大可覩。又復分其屯田、水利、錢法、驛傳、鹽政，分爲數道以制司。道立分司，督察巡守兵糧之務以制郡。巡按之使，絡繹馳道，循環迭任，無隙日月以盡制之。所以制外者無遺力矣。在内者，取都督一府而五之，閒以同、僉。六部卿貳，或七八員。都堂、大理、通政、太僕以放，雖有長貳之别，而事權散出，不受裁制。黄扉論道之席，至永刊極刑以廢其官。其文移印信，封掌押法，公同朝參者猶外也，復使給諫御史巡視刷卷以制之。卒有爰立大僚、邊關盜賊、建置河漕、三禮疑似之事，所部不得決，又設會議、抄參、私揭以制之。所以制内者無遺力矣。以一人敵天下之力，以一代敵數百年之力，力窮法匱，私蠹蝕爛，乃使相委而謝之。非己之專也，則是開以滑避之徑而絶其功名之塗也，豈不拂與！夫一職而分官以領之，連銜以轄之，所以疑制不肖也。人材之數，曰賢，曰不肖，曰中人。賢制不肖則不肖懼，不肖制賢則賢者憂，中人制不肖則惡不弭，中人制賢則善不長，賢制中人則疲於效命，不肖制中人則靡於朋淫，賢制賢則意見差，不肖制不肖則聲氣叶。不肖懼則裂而傷賢，賢者憂則引而避不肖，惡不弭則忌憚益忘，善不長則登進無助，疲於效命則事會圮，靡於朋淫則媚術張，意見差則乖左折衷，聲氣叶則膠固兩利。然則疑制者，唯兩不肖而後諧也，亦將大違其疑制之始心矣。天原道，君原天，相原君，百官原相，大哉！滂沛萬登，而綱紐尺握，乃以禁制朕兆，膏泛羣族也！今以天下之大，選賢簡德之繁且久，不能得一二心膂之臣，任以論思，乃靳然果廢其官。夫唯開業於風雨，英敏神靈者，括萬幾，統一心，無所凝滯。過此以往，奏報日宂，陳案日仍，晏安日藉，聲色玩好、禽馬柔曼、淫音幻技日進於深宮，外勞内蠱，其不折而入於中奄者，無幾也。故胡惟庸、汪廣洋之禍，消於綸扉，移於涓寺，而萬安、焦芳、黄立極、丁紹軾之徒，承頞頤，奉密教於北門者，且波溶瓦散而不可救。元氣痿，大務閣，民愁閭左，士歎十畝，粻空於野，金蝕於藏，彼揖此讓，胥□□而□之大□，可不痛與！則仁義不立，而疑制深也。傳曰：「賤妨貴，新閒舊，小加大，逆也。」故王者制名，天下奉名，百官赴名。倒其所制，昧其所奉，貿其所赴，則將賤爵禄而重事權。爵禄者，天之秩也，事權者，上之意也。菲天秩則士薄功名，尊上意則人喪廉恥。是以王者慎名，名正則任重，任重則責隆，責隆則政理矣。今夫學士之秩，五品也，使立於九卿之上。賤妨貴，小加大，背盭淩遲者，莫甚於此！則將使天下蝺瞀蠅營以趨事權，而天秩之自然，蕩然不可復稽。夫虚一品之置者，靳其愛以制物也。愛以我私，而制盡人族，與仁義背馳，而求治天下，亦難矣。給事、御史之秩，胥七品也，給事以巡視遣，御史以巡按遣，則操六卿、兩司大臣之臧否以亂其掌故。彼之歷職任，累歲時，登進崇階，代天工，作民牧，其前效已可覩也。早知不能，廢之而已。乃升新進，誇小臣，翻戾趾肘，使黄髮卿尹呵斥所輟者，屏息躡踵，褫繡隅坐，以承其欬笑，不亦左與！故主貴其名，莫不貴之也；賤其名，莫不賤之也。制名以任賢能，疑名以尊意旨，浮薄長進，權藉推委，效著於偶然而垂爲法制，故人紀賤而天維缺，非建國不拔之典矣。唯除疑制者不然。尊其尊，卑其卑，位其位，事其事，難其選舉，易其防閑，公其心，去其危，盡中區之智力，治軒轅之天下，族類强植，仁勇競命，雖歷百世而弱喪之禍消也。

大正第六

昔者三、五之王也，推五德，承終始，其原本灑祓嬗革之際，如平旦之受夜，虞淵之受晝也。後世五德失墜，治無主尚，以意爲輕重，至於湔惡俗，拯民瘵，創業中興，莫不有彷彿之意焉。粤自成湯革夏配天，伊尹、仲虺以弼之，一德馨聞，廷野革面。不數十世，而故家大族盤枕膏腴、湛溺財賄者，以亂阿衡之治。故盤庚之誥曰：「無總於貨寶，生生自庸。」由是言之，淩遲乾没，紹治而啓亂者，明主所深患也。傳曰：「國家之敗，由官邪也，官之失德，寵賂彰也。」可不戒與！天以五行養萬民，食於陰，飲於陽，衣被榮毳，侑佐鹽醴，水滋土敦，木實火調，若此者，民承養於天，無須於王者之制，而流盪生死，縈紆往來，通愚强之力，致文弱之養。金之爲用，王者所加於天，以損民而益之上也。故水之德潤，木之德成，土之德安，火之德化，金之德賊。是以聖人尤難之，行於不得已而用其利，戒於禍之必尅而制其賊，愚强者賓之以勸其功，文弱者賤之以殺其濫。沃以所賓，則小人和平；教以所賤，則君子强固，此爲節宣五行而勝其害氣也。其有不率教者，於是訶斥以辱之，裔夷以逖之，縲棘以錮之，刑殺以威之。夫王者之於萬姓，視猶一父之子也。其聰明文辨、便數强固者，亦克家當户之子也，則豈不慘怛割裂、涕洟於刑戮之加哉！而其受五行之賊，犯王者之賤，越輻敗軌，沈没淫濫，螟螣細民，愁痛孤寡者，則尤惄然其忍之。詩曰：「去其螟螣，及其蟊賊，無害我田穉，田祖有神，秉畀炎火。」言遠害也。今夫農夫濘耕，紅女寒織，漁淩曾波，獵犯鷙獸，行旅履霜，酸悲鄉土，淘金、採珠、羅翠羽、探珊象，生死出入，童年皓髮以獲贏餘者，豈不顧父母，拊妻子，慰終天之思，邀須臾之樂哉！而刷玄鬢，長指爪，宴安諧笑於其上者，密布畢網，巧爲射弋，甚或鞭楚斬殺以繼其後。乃使縣磬在堂，肌膚剟削，含聲隕涕，鬱悶宛轉於老母弱子之側，此亦可寒心而栗體矣。而以是鼓聲名，市奏最，漁獵大官，貤封門蔭，層累封埅，以至於無窮，則金死一家而害氣亦迸集焉。夫故家名族、公卿勛舊之子孫，其運數與國家爲長短，而賊害怨咨之氣偏結凝滯，則和平消霣，傾否折足，亦甚非靈長之利也。即或狼藉著見，挂吏議，左降褫錮者，猶啣舟絡馬，飛運以返鄉里，有司賓之，鄉社祝之，閭里畏之，廣頃畝，益陂池，敞樹邃房，鼓鐘妖舞，春容魚雅以終其天年，錮石槨，簪翁仲，梵唄雲潮以榮施於重泉之下。而游佻公子，發其贏餘，買越娃，擁小史，食游客，長夜酣飲，驟馬輕紈，六博投瓊而散猶未盡。亦惡知向之朘削零丁者，已滅族斬胤於寒阡、荒壑之旁也！豈不痛與！趙宋之有天下也，解散法禁以惑媚强智，而苟固其位者，可謂泰矣。然京朝長吏以臟賕敗者，其刑大辟，歲論決若而人無所赦。法合世重，惠逮孤寡，以振起五代之殘劉者，有足重焉。降及太宗，減大辟流沙門島，而濫觴起矣。真宗以還，復減流島之科，剌配腹裏軍州；天書降赦而後，此法愈減，貪墨跋扈，運譽尺水者，恣無所恤，而蔡京、王黼、韓侂胄、賈似道之流，嗚上風以登飛鳥之音矣。韃靼九十年間，其狼戾睢囑者，不僅在阿合馬、桑哥之尤著。太祖起田間，尤慘其所爲，故刑法嚴厲，夷風以革。數傳而後，僅以大計褫削當炎火迎貓之刑，無惑其裂廉隅而莫懲也。律法監臨主守盜公物盈貫以上，積至死罪，而敕使、守臣、郡邑之長獵部民極鉅萬，不以抵辟。繹成湯之責，尋仲虺之言，亦已悖矣。詩云：「君子如怒，亂庶遄沮。」承貪亂之餘，不以刑辟整絕之，未有能齊壹天步，柔輯惸獨者也。天地之奧區，田蠶所宜，流肥瀦聚，江海陸會所湊。

河北之滑、濬，山東之青、濟，晉之平陽，秦之涇陽、三原，河南大梁、陳、睢、太康，東傅於潁，江北淮、揚、通、泰，江南三吳濱海之區，歙、休良賈移於衣冠，福、廣番舶之居僦，蜀都鹽、錦，建昌番布，麗江氂氈金碧所自產，邕管、容、貴稻畜滯積，其他千户之邑，極於瘠薄，亦莫不有素封巨族冠其鄉焉。此蓋以流金粟，通貧弱之有無，田夫畦叟，鹽鮭布褐，伏臘酒漿所自給也。卒有旱澇，長吏請蠲賑，卒不得報，稍需日月，道殣相望。而懷百錢，挾空券，要豪右之門，則晨户叩而夕炊舉矣。故大賈富民者，國之司命也。今吏極亡賴，然朘刻單貧，卒無厚實，抑棄而不屑，乃藉鋤豪右，文致貪婪，則顯名厚實之都矣。以故粟貨凝滯，根柢淺薄，騰涌焦澀，貧弱孤寡傭作稱貸之塗窒，而流死道左相望也。漢法：積粟多者得拜爵免罪，比文學孝秀，今縱鷹鸇攫獵之，曾不得比於偷惰苟且之游民，欲國無貧困，以折入於□□，勢不得已。故懲墨吏，紓富民，而後國可得而息也。易曰：「觀盥而不薦，有孚顒若。」陰長於下，連類遂志，刑害陰私，貪吝汙鄙，偪天位而無忌，故聖人神道以示觀。退省其躬，行不言之教，成加民之治，故曰下觀而化，慎所示也。明興，家法忠質，宮庭潔清，無別館、離宮之崇飾，龍舟、步輦、馳道旁午之游觀，無置騎、飛舸、千里割鮮、銅狄花石之供，無算車、料產、均輸、酒酢、香藥、子母責息之利謀，觀道盡矣。而貪沿下游，極重不復者，法教不施而風俗苟簡也。州縣之制，以差選人者，唐、宋分畿、赤、次、雄、望、緊、上、中、下，凡九等，以分別資格，升降除擢而止。今吏部之注府州縣，分系以瘠、饒、淳、頑，進士、乙科、鄉貢、任子視以除授，則將部、臺、藩、臬、分司歲時、生辰、薦奬之苞苴視以厚薄，欽使往來，供億、勞賄、車船之悉索視以苛簡，而長吏之乾没其民者亦將視以裒益，胥上下之耳目交注於淳饒，而其憊可知也。抑縣垂格範，爲割蜜分羹不刊之則，固授之以亡廉銷恥之術逕矣。古者未命之士，食如其力，等而上之，亞於國君，位次升，禄次腆，車乘家老次備，贈答宴祭次隆。故延州投縞，子産獻紵，足於己而無藉於物也。今萬户之邑，十萬之都，皆古諸侯之治也，稍給禄養，不逮家臣。居禁掖，登小卿者，劣食十口，賓客服佩之不給。郎官冗散，稱子息，仰給責家，指擬差遣外除以售所貸，而子弟横鄉里，尸獄訟，以僅完田廬。徒廣其科目，易其升擢，博置員額，以誘其仕心。禄入已菲，米鈔又折減其什五，率天下養百官而不足，縱百官食天下而有餘，此何異饑鷹以攫雉兔乎！請罷勸貪之的，革饒瘠之目。除授之別，以輕、重、邊、腹差等其資色，而禄石、傔從、薪馬、紵絲、公私宴答之給，授以本色而豐溢之。不率，則刑辟擬其後，而無仁恕之歉也。比國家之加惠搢紳者，下逮休廢，尤爲淪洽。起廢員，晉勳階，有大慶則播爲恩例。其非制科、不登五品者，賓於鄉飲酒禮。而髦荒畜厚之家，跡絶金閨，猶走謁要津，窺倖慶典。清白縣車者，復恬靜自遺恩外。抑褫奪、靡戍、狼藉、篋脱之寒灰，晉與飲禮，終日百拜，清酒九酳，習爲優戲，榮施愚目，而自好者莫不非笑之。今爲之定制，諸非居任以廉最者，雖邊功建言，不得與起廢晉階之科。其尤沈没之倫，遇鄉飲酒，齒之下座以折辱之。而告老閒住者，買聲色，教歌舞，廣亭榭，不以儉率子弟，所司歲具上聞，追還封誥，齒於僇民。帛鏹終於在笥，桑榆鑒於□□，斯不肖銷心而賢廉得意，亦移風振俗之一道也。學校者，國之教也，士之所步趨而進退也。比者邑置郡設，鳴琴釋菜，虛器歲修，官掌故者垂老氣盡，漁獵生徒。學使獎行絀劣，率一二人，視掌故郡邑之喜怒。士之誦習帖括者，固已羔鴈視之，寓目横經，則朶頤温飽。廉恥風衰，君師道喪，未有如斯之酷烈也。今即旦暮不能廢隋、宋之格，而稍滌正之，尤當以行相參，定其殿最，如較文之等。州、縣之長，起乙科，廉靜文弱，才不任劇者，改邑教授；郎、舍、守、令起制科者，改郡教授。晉其秩如先所任，紀其教成，以爲禮曹、太常、國子、學使之選。或鄉老休致者，郡邑得聘領之，爲之授兼經，講正學，攷內行，辨同異，究性命。舉於鄉者，不通四民之旨，及因緣長吏，與聞獄訟者，學使猶得按而黜之。以需數十年之後，廉恥厲，行檢修，學術正，然後革詞章，慎鄉物，較隋、宋，媲庠序，雖有泛駕之士，亦戒足沈溺而正衿稜觚矣。故王者養賢以養民，□□以配天。繼於其亂，先以刑禁；繼於其治，終以德化。相因小民之疾苦，則焦頹焚灼，妖怨亟起，而欲望建淳和以迓祥吉者，是孳息螟蝝而冀登嘉穀也。

離合第七

中區之閒，軒轅所治，大禹之所經維，起句注之西，迤石梯，畫黃河，東逾白登，阻桑乾，複山疊嶂，界以野狐、居庸二翮之險。極東盡渝關，憑海陽。其外亂岫荒原，豐草大泊，曾冰酷寒，毛革酪乳之鄉，殊形詭嗜，以訖北維之止。西自黃甫川阻奢延之水，度鹽池，跨南河，有賀蘭、燕支、車箱、雪山之險，以西極乎青海黑水，逆流而南，放乎湟、洮。其外平沙朔野，横吹萬里，閒以西戎。積石而南，西傾、三危、烏櫳、太白、岷、嶓、嚴道、越巂、峨、崍經脊地岫，峻削崩奔。其内羌、沔、大江、若、沬支流傾潤乎中國。其外縣絙流沙，赤土頭痛，積雪夏飛之野，戒以碧目黧面翦髮環耳之俗。滇詔之西，金沙、潞江、麓川之水，羊腸盤曲，南結以護嶍、岷之塞，放特磨，界交趾，以絡乎廣右。其南則邕部、百粵、鐵圍、鬼門、狼夷高髻篠笠之族，東被而盡乎海濱。渝關以南，巨浸浮絶，潏沸渟泊，南歷沭榆、之罘、瑯琊、海門、三江、舟山、鴈蕩、霍童、紫帽、甲子之門，羅浮、七星以柱南維。過崖、硇而西，接合浦而界以日南。其他東遼水，北開平，西瓜、沙，南哀牢、緬甸、交阯北户之鄉，蓋中區之餘氣也。崇巒沓嶂以垣結之，沙衍茅葦以紛披之，絶壁渴澗以溝畫之，瀚海尾閭以凝蕩之。其中帶東脈繞，摶聚約固，寒暑相劑，言語相譯，形象相若，百穀相養，六畜相字，貨貝相灌，百川流惡，羣山蔭夕以翕成乎中區之合，自然之合也。天地之氣，輔其自然而循其不得已。輔其自然故合，循其不得已故離。是故知天地之晝夜者，可與語離合之故矣。行其不得已，知其有離，不得已者抑自然之所出也。而後統以三條，分以兩戒，郭景純、僧一行、朱元晦之説由此其選焉。中區之形，首建乎西北而窮乎東南，支山自主，支水自戒，文武自俗，阸塞自理。大河中畫，北燥南潤。火故潤之，水故燥之，天地所以節陰陽也，而遂有不相需之時，以成南北。河北則桑乾以南，恒山之支，歷井陘、少山、黑嶺、伏牛、羊頭，峙以太行、王屋，窮於中條，委於河，而太行之東，淇、洹、漳、漷湊山東者，成爲一區。河右則割黄流，浥秦川，南窮於褒、斜者，或稍與山西合而離乎！河山以東，河南則出潼、殽、嵩、少、熊耳、桐柏之山，東延成皋，南閈平靖、黄土、木陵、岐嶺，結爲灊、霍之岳，以漸乎江，是大江之所守也。江南則岷、峨南垂，放瀘水以北，逕牂牁，出夫夷，東被衡山，以盡乎彭蠡，而上庸之北，障以武當，沿沔而西，北極武關，縈紆漢中，限以大散，南赴荆門、歸峽，窮於沅、酉。江東浙嶺、漸江分以太湖。閩有武林、仙霞、杉關之隘。粤有五嶺、瀧水、秦城、潭中之塞。若此者，旁條畦列，亦乘天地之閈氣，率以爲離也。閈氣際離，純氣際合，合氣恒晝，離氣恒夜。無平不陂，無往不復，否泰之所都也。雖然，亦存其人焉。昔者軒轅之帝也，上承羲、炎，下被有周，敦親賢，祚神明，建萬國，樹侯王，君其國，子其民，脩其徼圉，差其政教，順其競絿，乘其合，稍其離，早爲之所，而無誇大同。然後總其奔奏，戴其正朔，徠其覲請，講其婚姻，締其盟會，系以牧伯，糾以州長，甥舅相若，死喪相聞，水旱相周，兵戎相衛，仕宦羈旅往來，富貴相爲出入，名系一統，而實存四國。此三、五之代寓渙散於糾纏，存天地之純氣而戒其割裂，故氣應以正而天報以合，數千年之閒，中區之内闓闓如也。秦、漢以降，東南壹尉，西北均侯，綴萬國於一人之襟，而又開河西，通甌駱，郡朱崖，縣滇筰，其合也泰焉。物不可以久合，故河山條派奇傑分背之氣，率數百年而一離。建安以後，裂爲七八而離爲三。太康合之，未百年而又離，播爲十六。宇文、高氏稍合，而别於江左者終離爲三。開皇合之，未三十年而又離，以逮乎武德而後，合者幾三百年。天寶亂而河北小離，廣明亂而并晉、大梁，幽鎮、吳越、閩廣、荆湖、兩川之草據者不勝離也。雍熙合之而燕、雲終離，未二百年而卒離爲二。韃靼驅除其離，以授其合於洪武。祥興以後，中區之氣，永合於兹者四百載矣。是故合極而亂，亂極而離，離極而又合，合而後聖人作焉。受命定符，握樞表正，以凝保中區之太和，自然之節，不得已之數也，天且弗能違，而況於人乎！故太史儋曰：「始秦與周合而離，離五百歲而復合，合七十餘歲而霸王者出焉。」終南、汧、渭之交，周、秦之先所合處也。平王東遷，棄其故地。秦阻殽、函，東西並峙。其後守府僅存，四伯迭起，不能復問豐、鎬之王蹟。迄於戰國，瓜分瓦解，而河山以東僅敵一秦者，東西相離之大致也。故三川并而天下一，驅除盡而漢祖興。由此言之，離合之際，非深識者不測其旨矣。夫三、五而降，其得姓授氏，爲冠蓋之族，或稍陵夷衰微，遷徙幕占，南屯北戍，逮爲殊俗者，其始皆數姓之胤胄矣。精脈嬗演，筋肉同抵，姻亞僚寀，歡若臂腋。迨其涣散，不可尋憶，則有兄弟互鬩於原野，甥舅各畜其戈鋋，血肉狼藉，巴吞鳩禁，此非慘心痛髓之事，而天地之所深悼哉！然而聞其害氣，則姑且聽之，行其不得已，尤懼其壞潰而無以救其孑遺，則原坂以阻之，江河以塹之，金鐵、粟米、鹽鹵、皮革散其産以資之，賢豪財勇各君其地，帥其師以長之。是故合者聖人之德也，離者賢人之功也。今戒其或離而求致其功，所以因條戒，絡地脈，靳天寶，采物傑，因民志，建規撫者，無庸襃耳經維而蔽目規畫矣。南條之紀，不得熊耳、冥阨、壽春，不足於守。中條之紀，不得楊劉、曹濮、河内、太行，不足於守。東條之紀，不得虎牢、廣武、少室、熊耳，不足於守。江漢之紀，不得荆門、上庸、襄陽、舒、皖、濡須，不足於守。坤維之紀，不得武都、天水、仇池、陳倉，不足於守。武林放海，餘氣也，不阻太湖，不足於守。五嶺窮於蠻中，餘氣也，不左洞庭，右彭蠡，不足於守。用文之國，士馬佻脃，數戰以逞，魄浸耀、氣浸衰而不知，因長以攻瑕者，不足於守。珍先王之典器，葆其訓物，崇廉恥，敬臣民，厲風軌，敵苛虐，武健以邀輔皇天，而故反其道，諧於霸夷者，不足於守。魚鹽、秔稻、錦綺、璣象，宅其地，登其盈，以爭長靡麗，嬉蕩民心而弱敗之，不足於守。不制其臣，不珍其寶，盜竊偷步，禍發堂廉，授敵閒而乘之；或懲其道，上猜下離，自棄其輔，偏一於此，不足於守。此十一不守者，賢者所必鑒也。故地有必爭，天有必順，氣有必養，誼有必正，道有必反，物有必惜，權有必謹，輔有必强。取必八術以遂其功，所以憖愛餘民，救害氣於十一，抑可以爲百年之謀矣。詩曰：「既順迺宣，而無永歎。」順民之離遏，以經其畛畔，遏救殘劉，消弭啼怨，公劉之所以延天篤也。或曰：天地之數，或三或五，三百年而小變，千五百年而大變。由軒轅迄桀千五百年，禪讓之消，放伐變之。由成湯迄漢千五百年，封建之消，離合變之。由漢迄乎祥興千五百年，離合之消，純雜變之。純以紹合，雜以紹離。純從同，雜亂異。同類主中國，□□□□□，各往其復，各泰其否。然則授天命以振三維者，非獎掖中區，宰制清剛，作智勇之助，驍悍磽駁之氣，固不能早絶純雜之消，反之於太古軒轅之治，後之治也而無所俟焉。嗚呼！非察消息，通晝夜，範圍天地而不過者，又惡足以覩其化哉！

後序

述古繼天而王者，本軒轅之治，建黄中，拒閒氣殊類之災，扶長中夏以盡其材，治道該矣。客曰：「昔者夫子懲禍亂，表殷憂，明王道，作春秋。後儒紹隆其説，董、胡爲尤焉，莫不正道誼，絀權謀。今子所撰，或異於是，功力以爲固，法禁以爲措，苟窮諸理，抑衍而論其數。雖復稱仁義，重德化，引性命，探天地之素，恐乖異乎春秋之度也！」曰：「何爲其然也？民之初生，自紀其羣，遠其害沴，擯其□□，統建維君。故仁以自愛其類，義以自制其倫，强幹自輔，所以凝黄中之絪緼也。今族類之不能自固，而何他仁義之云云也哉！」客曰：「宰制所謨，以貽無疆，固當通其變而不滯其常。漢起西京，中興洛陽，子之所製，定燕薊爲會同之邦，不已固與？」曰：「王者相陰陽，定風雨，建之邦畿，爲宰治主，亦莫不用氣之厚而固自然之宇也。是故羲、農之都，或陳或魯。平陽、蒲坂、安邑、耿、相，憑河東北，以爲安處。長安、洛陽、大梁之土，後王宅之，數百年之下而後地力衰歇，漸以薄鹵。今燕薊之宅，受命而興者，女直、韃靼曾不足於稱數。永樂定鼎，始建九五，水土未薄，天氣翕聚，天子守邊，四方來輔。後之所宅，固當踵蹟靈區，以光贊我成祖也。」客曰：「賢哲方制未亂，庸愚謀已然，立説之大凡也。今子所撰，陳於數十年之前，可以救而保其堅；孔子著兹陸沈，□□忽其斬焉，過述先事之失，爲期忌懲，子所謂失魚而求筌也。」曰：「昔春秋，定、哀之閒多微辭。言之當時，世莫我知。聊愾痻而陳之，且亦以勸進於來兹也。在承平，禍亂未臻，法祖從王，是爲俊民。雖痛哭流涕以將其過計，進不效其言，而退必災其身矣。天下師師，誰別玉珉，荏苒首解，大命以淪。於是哀其所敗，原其所劇，始於嬴秦，沿於趙宋，以自毀其極，推初弱喪，具有倫脊。故哀怨繁心，於邑塡膈，矯其所自失，以返軒轅之區畫。延首聖明，中邦作辟，行其教，制其辟，以藩扞中區，而終遠□□，則形質消隕，靈爽亦爲之悦懌矣。歲德在丙，火運宣也。斗建維辰，春氣全也。文明以應，竊承天也。太原之系，世胄緜也。爲漢大行，忠效捐也。悲濾窮愁，退論旃也。明明我后，逖播遷也。俟之方將，須永年也。黄書之所以傳也，意在斯乎！」

噩夢

噩夢序

教有本，治有宗，立國有綱，知人有道。運天下於一心而行其典禮，其極致不易言也。所可言者，因時之極敝而補之，非其至者也。如衡低而移其權，又慮其昂，雖然，亦有其平者。卑之勿甚高論，度其可行，無大損於上而可以益下，無過求於精微而特去流俗苟且迷復之凶，民亦易從，亦易見德。如大旱之得雨，且破其塊，繼之以霢霂者，亦循此而進之。魯兩生曰：「禮樂必百年而後興。」百年之始，蕩滌煩苛，但不違中和之大端而已。天其欲蘇人之死，解人之狂，則旦而言之，夕而行之可也。嗚呼！吾老矣，惟此心在天壤閒，誰爲授此者？故曰「噩夢」。玄黓閹茂之歲，陽月朔旦甲戌，船山遺老識。

噩夢

衡陽王夫之譔

孟子言井田之略，皆謂取民之制，非授民也。天下受治於王者，故王者臣天下之人而效職焉。若土，則非王者之所得私也。天地之間，有土而人生其上，因資以養焉。有其力者治其地，故改姓受命而民自有其恒疇，不待王者之授之。唯人非王者不治，則宜以其力養君子。井田之一夫百畝，蓋言百畝而一夫也。夫既定而田從之，田有分而賦隨之。其始也以地制夫而夫定，其後則唯以夫計賦役而不更求之地，所以百姓不亂而民勸於耕。後世之法，始也以夫制地，其後求之地而不求之夫，民不耕則賦役不及，而人且以農爲戒，不驅而折入於權勢姦詭之家而不已，此井田取民之制所以爲盛王之良法，後世莫能及焉。夫則有制矣，田則無制也。上地不易，百畝而一夫，中地一易，二百畝而一夫，下地再易，三百畝而一夫。田之易不易，非爲法禁民使曠而不耕也，亦言賦役之蠲除耳。再易者，百畝三歲而一征也。一易者，閒歲而一征也。上地百畝而一夫，中地二百畝而一夫，下地三百畝而一夫，三代率因夏禹之則壤爲一定之夫家，而田之或熟、或萊、或有廣斥，皆不復問。其棄本逐末，一夫之賦自若，民乃謹守先疇而不敢廢。故春秋譏初税畝，舍版籍之夫而據見在墾田之畝以税也。譏作丘甲，用田賦者先王之制，五百七十六夫而出長轂一乘，至此則覈實四丘之田爲一甸。其後並以井邑丘甸爲不實而據見在之田畝，合併畸零以起賦。舍人而從土，魯之所以日敝也。然則取民之制，必當因版籍以定户口，即户口以制税糧，雖時有登降，而拋荒鹵莽、投賣强豪、逃匿隱漏之弊，民自不敢自貽以害。得井田之意而通之，不必問三代之成法而可以百世而無敝也。

孟子言農夫獲穀之數凡五等，以中爲率。古者上歲民食月四鬴，中歲三鬴，下歲二鬴。以三鬴爲準，十一而取一夫之税，歲賦二十五鬴有奇。鬴六斗四升，古斗斛大小不可詳考，大率一鬴當今三斗而弱。其賦七石五斗，以米半折之，爲米三石七斗有奇，賦未嘗輕也。古今量制雖難通算，而以食七人準之，則歲獲略止四十九石。今南方稻田，歲獲上田不過十二畝，下田不過二十畝，今法止額糧一石内外耳。是古之賦税且三倍於今而有餘，民何以堪！惟古者以夫定税，一夫止取其百畝之賦。殷、周一沿夏之則壤，而但記其民籍之登耗。地雖闢而賦不溢，若其荒廢而賦亦不減，則所謂農服先疇而治安長久也。今雲南以工計田，猺洞以户起科，皆其遺意。故民有餘而無逋欠，歲入有恒，量入爲出，亦無憂國用之不給也。即如洪武閒惟徵本色一石，亦不患金錢之匱，則覈户口於立國之始，以永定田制，民何憂不足，地何憂不墾！逋負無所容姦，蠲赦可以不數，而國抑何憂乏哉！

立國之始，法不得不詳。有國之道，用不得不豐。不詳則苛横者議其後，而變易增加之無已。不豐則事起而猝無以應，必横取之民，以成乎陋習。如驛遞者，國之脈絡，不容壅滯者也。故在國初，水馬驛櫛比蔓繇，恒處於有餘。建驛官，設驛卒，站馬、站夫，紅船、快船，鋪程供應口糧，皆細計而優儲之，即驛官利其有餘而私之，勿問也。乃以濟公事，而民力以不與聞而舒。嘉靖閒，言利之小人始興。萬曆繼之，崇禎又繼之，日爲裁減。爲之説曰：「非勘合火牌，不許應付」。而實則大不然，水則擄船，陸則派夫，縣不給則委之殷實，委之行户，已而全委之里甲。孰爲作此俑者，流毒無窮？則何如加賦之猶有定額也！驛遞之外，莫如公費。且若皇華銜命，監司巡行，賓客經過，節序宴會，相爲酬酢，賓興考課，必有供獎，廨宇橋路，必時修理，下逮輿皂犒賜，孤貧拯給，皆人情物理不可廢之需。無故統天下而作貧苦無聊之態，實則不能廢而聽吏横取之民。苟其横取，則無可復制而益趨奢濫，於是而民日困，國日貧，誣上行私，莫之紀極矣。

會典田糧起科，上田每畝不過七升八合極矣。乃今南方額派，有畝一石有奇至二石者。其源有二，蘇、松、常、湖等郡，則張士誠君臣没官之田，與籍没豪右及遷徙濠、泗之産，皆名爲官田，俱照佃客納租田主之數輸官而免其賦役。當時稍便之，愚民利小利賃耕之，遂爲世業。其後督責不堪，民以逃亡。海中丞瑞不能爲奏請改民以均甦之，而平鋪於民田，以爲一切苟且之計。故無官無民，其派均重，而民困極矣。若他處雖無官田，而市郭民居、山林、園圃、陂池，皆丈量起科。其後鬻産者留宅地山林而賣其田，乃以彼糧鋪於田畝。歲久移易，莫從稽考，而糧有倍墮者矣。其失在不念廛居之征，以市肆衝僻爲上下，初非可以丈量定者。山林則榮落無恒，園池則修廢因人，豈得計畝以爲額！古者廛有廛税，不入經界。林木竹苧則可於鬻處税之，而不可限以恒有。今欲蘇民之困，唯有據見在之墾田，以七升八合遞下爲準，而元額斷不可復。但令實科實徵，民自可無逋欠，亦何國計不足之有！若弘治、萬曆兩次丈量，所司皆以取足元額，而略爲增減。其萬曆中江陵操切，尤爲一切之法，愈不足據也。

言三代以下之弊政，類曰强豪兼并，賃民以耕而役之，國取十一而强豪取十五，爲農民之苦。乃不知賦斂無恒，墨吏猾胥，姦侵無已，夫家之征，并入田畝，村野愚愞之民，以有田爲禍，以得有强豪兼并者爲苟免逃亡、起死迴生之計。唯强豪者乃能與墨吏猾胥相浮沈，以應無藝之征。則使奪豪右之田以畀貧愞，且寧死而不肯受。嚮令賦有成法而不任其輕重，孤兒獨老可循式以輸官，則不待奪有餘授不足，而人以有田爲利，强豪其能横奪之乎！

賦役名數不簡，公費驛遞不復，夫家無征，一切責之田畝，田不盡歸之强豪不止，而天下之亂且不知所極矣。

唐制：郡縣有赤、畿、望、雄、緊、上、中、下八等，以爲官秩之崇卑，出身之優劣，升遷之上下。事之繁簡，任之輕重，人才之進退，因以分焉，誠善法也。今官制於府州縣注以繁簡，猶之可爾。注以頑淳，已非奬厲風俗、責成教養之道。況注以饒瘠，則是羨之以貪而悼其廉也。筮仕之初，已有饒瘠在其胸中，欲士之有廉恥，民之有生理，得乎！

稅糧分派，令民徵納多寡有截然之數，則愚民易知而姦詭無所容。立法者在上一切爲苟簡，而使下分析之爲繁難，此甚無謂也。如漕運以四百萬石爲準，派於直省各若干萬。乃額糧之多寡，初不整齊，而部授數於司，司分派於州縣，取必於部授之總數，以碎細洒分之，遂於斗、升之下，立合、勺、抄、撮、圭、粒、粟等虛立之名。因而輕齎、耗脚、水利、河南。過湖、江西。兩尖及楞木、松板，亦就零星派數而洒加之。姦僞相乘，善算者莫之能詰，而況愚氓乎！夫名，因實而生者也。勺、抄以下，無此量器，何從而爲之名？十粒爲圭，千粒爲抄，誰爲歷數？粒下有粟，豈剖碎稻麥爲十粟耶？凡此，皆可資一笑。乃徒以惀亂人之耳目，而施之以利析秋毫之教，非小失也。且如北運以廣儲偫，亦豈必四百萬之整齊而無餘欠哉！則何如通計可漕地面夏稅秋糧共若干，因坐派民米一石，運米幾斗幾升，至於升而止。即或於四百萬石之數有餘有欠，亦何不可！官倉所入，不妨歲有畸零。農民所輸，自可截然畫一。若民田畝之有畸零，自以三從五，七從十，一二消除，皆至升而止，則一切脚耗之類，皆可簡明計之矣。如折色輸銀者，亦但可至釐而止，其下有毫、絲、忽、杪、微、塵、纖、埃，猥誕亡實名目，盡屬可汰。蓋部司憚煩，不先爲分析，而約略授以總數，乃使郡邑縷分，而至於汎濫以成乎纖詭耳。至丈量地畝，古人至畝而止，不成畝者勿計也。今即不能，亦可至一畝十分而止，如釐、毫、絲、忽之名，奚從而生？使於畝分之外，算有餘羸，蠲以與民，亦不至於病國，王者亦何愛此錙銖，而顯受盡地力之惡哉！凡諸瑣細不經之名數，前代未有，始於宋、元之閒舞文小生，竊律曆家之餘瀋以殃民。禍雖小而實大，安得一滌除之，以快天下之心目也耶！

光禄寺歲費二十四萬，郊廟、社稷、羣小祀、慶成、長至、元旦、萬壽、番使宴賜皆取給於内，乾清、坤寧二宫常膳，上奉慈養，旁及東宫與未就封之皇子皇女，下給六宫六尚，以至宫婢奄寺之食料，莫不仰資。一日之費僅六百六十兩有奇，其儉蔑以加矣。蓋米麪出於正供，酒醋、醓菹、禽魚、蔬果具於各署，鹽茶蠟棗俱有實收本色，不盡以煩太倉，其措置亦密矣。乃抑未免有唐、魏之風焉。故逮成化時，虚祖宗積貯之帑藏以供御用而後，又可知已。嘉至正德移太倉銀二百一萬有奇爲金花，以供遊幸犒賜之用，凡四倍於歲供，而國遂虚。

靖初，新都總己，於遺詔未能復歸太倉，以待新主之善政，因循一年，遂轉爲醮壇之費。醮壇罷而御用承之，相沿以至於匱乏，則二十四萬二千餘兩之制，空有其名而費不貲矣。然後知周禮「唯王及后不會」之用意精也。王后之好賜，雖不會而取給於職幣。職幣之入，多寡隨時，儉可以畜而奢有所止，中主之志欲亦得矣。蕭何有言，「使後世無以加」，誠遠慮也。子孫處承平之後，不能深喻艱難，束之則愈縱，勢所必至，何似豫達其情以爲之節宣哉！

黄册之法，始於開尚書濟一言而定一代之規。乃行之既久，十甲司册者習爲姦私，以成影射飛漏之弊。然法雖詭而人存，脱漏隳射，猶有所稽覈，迨册書廢而愈亂矣。一縣數萬户，册籍輪掌，而總寄之一縣吏，又非大猾不任此，安能持之數十年乎！若通黄册之法而善用之，無如不專任十甲，而當十年大造之際，於十甲内遞輪一甲管十年之籍，新舊交相對驗，各存舊册以相稽考。且縣之有丞簿，非漫設也，唐、宋有司户之官，正爲此設。無如專委於簿，以統糾其鬻賣別户收除之實，每一官交代，則舉任内有無推收，具册呈縣。其縣每歲實徵之册，必從簿發，而令當年里長與册書對驗，無有差謬而後開徵。此最爲民事利病之尤者，必不可以苟且取便者也。

立法之始，無取太寬。常留有餘之德意於法外以使有可寬，故大貉小貉之弊必至於大桀小桀。唯通國計之常變，而處於有餘之地，乃寬之於課程，則民不狎爲易供而其後受束溼之苦，斯以樂生有道矣。今百姓之困敝，殆無孑遺，皆自守令之考成爲始禍之本。聞嘉、隆間且以歲課滿八分以上者，大計膺貪酷之黜。上雖未爲之法，而下自體德意以行之，故民力裕而民心固，雖土木之變，鄧茂七、黃蕭養、劉、趙、鄢、藍諸寇之竊發，弗能搖也。以税糧完欠爲有司之殿最，法始於江陵，一決其藩而不可復收矣。申、王二相，反江陵而過爲縱弛，乃以資言利者之口實。温體仁全師江陵之術而加甚焉，有户書李待問者爲之羽翼，乃令知推行取，府縣印官給由，皆行户部，比較任内完欠，遂使牧民者唯鞭笞赤子爲務，而究之逋負山積，激成大變，所謂「則何益矣」者，信矣。故户部考成之陋制不革，而欲民之免於深熱，必不可得也。

軍衛之制，行之百餘年而大壞。成、弘間軍尚可用，衛弁亦尚自力於武事，正、嘉而後，不可復理，勢所必然也。唐變府兵爲彍騎，而特重邊帥之寄，故雖有漁陽之禍而終得朔方之益，揖吐蕃、回紇而進之而終詘於中國之强。宋與本朝仍舊相沿，憚爲改飭。宋之禁軍、廂軍與衛軍略同。禁軍，團營也，廂軍，衛所也，皆散武備於腹裏也。夫唯軍衛聚屯於邊，其身家託焉，而又沐浴於剛勁之氣，則莫之勸懲而自練習於武勇。若散屯於腹裏，使其黠者游文墨歌舞之中，其陋者齷齪於雞豚園池之利，心厭甲胄，而神氣俱爲之疲苶，欲其不化而爲驚麏縮蝟，不可得已。且兵聚則勇，散則怯，故東漢自平亂以後，置屯黎陽，所以聚之於勇武之鄉也。天下皆有兵。而天下無兵矣。腹裏之所防者，盜賊耳。其始發也，良有司率機快健捕制之而有餘；藉令其嘯聚漸衆，移邊兵而討之，亦易爾，烏庸是郡郡而置軍乎！洪、永閒分列衞所，頗以遷就功臣而處之善地，遂以壞一代之軍政。即以屯田言之，使屯於腹裏而耕民所可墾之田，何若屯於邊而墾民所不耕之土乎！制腹裏之盜賊，以民兵而已足。畜厚威於邊，不特夷狄莫之敢窺，腹裏之姦宄，亦隱然有所畏讋而不敢逞。南循海澨，接南寧、太平，遶黔、滇、建昌、黎、岷，遵九邊盡於登、萊，皆用武之區。中閒要害如徐州、虔南、偏沅、鄖、夔、潼關，亦可扼險而收土著丁健之用。沿海則水師訓習之地也。環繞以固中區，爲詩禮耕桑之域。運天下於掌，而處九州如一室，莫便於此，勿爲襲趙宋褊忌之計，以自翦羽翼而成禽也。

武舉之制，至烏程、武陵秉國之後而敗壞極矣。顧其始亦未爲得也。文章吏治，有循序漸進之道焉，養之以從容，而慎重之以獎其廉恥，固一道也。若武夫，則用其朝氣而不用其暮氣者也。以次而舉之，果有能者，必不耐其迂遲；其能耐者，必其大不堪者也。勿爲之科，而於大閱之日募草澤之有智略勇敢者，督撫試而特舉之，部覈之而授之以試職，即使之從大帥軍中以待命於邊，或爲突騎，或爲隊哨之長，或分城堡之守，或效幄幕之用，實委之以戰守之事。其失也，不過亡一人。其得也，遂可以拔非常之士，而黠懦者不敢以身嘗試。則歲一舉之而已足，何事於科場之瑣瑣，決取舍於數矢之中否，數行之通塞哉！

言治術者，有名美而實大不然，則鄉團保甲是已。其説摹倣周禮，而所師者管仲軌里連鄉之制爾。自周以前，列國各自立軍，大國三軍，次國二軍，小國一軍。一國之隘，無從別得勇武之士而用之，則就農民而盡用其丁壯，亦如今土司之派其狼玀以爲兵，蓋以防鄰國之兼并，而或因以兼并鄰國。其事本不道，而毒民深矣。封建既廢，天下安堵，農工商賈各從其業，而可免於荷戈致死之苦，此天地窮則變而可久者也，奈何更欲爭鬬其民哉！朱子自謂守郡日時有土寇，故欲訓練保甲，後熟思此土之民已競武勇，奈何復導之以强，因而已之。大儒體國靖民之遠圖，不泥於古固如此，未嘗挾一寓兵於農之成説，以學術殺天下，如王介甫之鰓鰓於保甲也。盗賊初非敵國也，以政安之，以法治之。天子建吏，不能爲民弭盗，而使民之以生死爭一旦之利乎！團保之立，若不實覈之以武備，則徒爲兒戲而祇以擾民。若使器械必精，期會必壹，技擊必試，立之以長而糾之，小則黠豪以牟侵貧弱，大則教之以亂，而鄧茂七之禍不旋踵而發。唯劉念臺先生尹京時所行條規，以申六條飭冠昏喪祭之禮，而譏察游惰非違者，不責之以武備，庶爲可行，蓋亦王政之枝葉也。

自鹽政邊儲之壞，議者爭言開中輸粟舊法之善，而不知其非。既違事之宜，又拂人之情，故葉淇得以利動一時而盡廢邊屯，誠有以召之也。法之最顛倒者，農所可取者粟，而條鞭使輸金錢；商所可征者金錢，而屯鹽使之輸粟。邊可屯，官不能屯，而委之素不安於農之商；粟可博金錢，官不移豐以就歉，而責農之易金錢以償官。其不交困也，得乎！取之必於其所有，使之必於其所長，一人效一人之能，一物抵一事之費，周官之善，盡於此耳。

人各效其所能，物各取其所有，事各資於所備，聖人復起，不能易此理也。且如周制，兵車之賦出於商賈，蓋車乘、馬牛，本商之所取利，而皮革、金鐵、絲麻、竹木、翎毛、布絮之類，皆賈之所操，是軍器皮作火器各局之費，應責之於商賈也無疑。如曰稅重則物價貴，還以病民，乃人之藉於市買者皆自度有餘，而非資生所必藉，非若粟之一日不得而即死者也。且在周之世，天子未嘗全有九州之壤，若列國封域，尤爲褊小，所需之產，什不得一，則但責之商賈爾。今四海一家，官山府海，何產不豐！凡諸軍國所需，取鐵於冶，取皮於原，取竹木於林，取絲於桑土，取麻絮於園，或就民而稅，或官自畜植，又不必盡責之於商賈。乃國計盡弛，悉授之末業之黠民，而徒督責之於田畝之征，不給則令死於桁楊，死於逃竄，不亦憯乎！農所輸者止以養君子，飽士馬，保患乎不足！而一切取辦，則何望其能支！漢人鹽鐵之論，言之似理而實不然，漢之所以舒農民而培國本者，非後世之所能及。王介甫狹小漢制，而以青苗、免役、保馬諸法重困農氓，其利害亦曙然。洪武椶園、漆園之設，可推爲萬世法，後人且視爲迂瑣。民之方蘇，其俟之何日耶！

行鹽之有地界，商人之姦利，而有國者聽之。同此天下之人，食此天下之鹽，何畛域乎！通行，則商人不得持有無以增一時騰涌之價。若地分，則舟車之浩繁，自然不行，其可行者自然各有所底止。唯偶然一方缺乏，則他方濟之，究竟商人可以通融得利而無所大損，但不能操低昂以抑勒細民而已。無地界，則鹽價恒平，商之利亦有恒，而狡者愿者不至貲獲之懸絶。且如河東鹽池，因晴雨而盈詘。其詘也，則食河東鹽之地界，其淡食者多矣；其盈也，又不能通貿之他方，而或視爲贅餘，置之不足收，此兩病也。又如廣東海南之鹽，行贛、吉、衡、永、郴、賨，有上瀧、過陡、過山之遲阻。當議法時，唯以佐廣西之經用，而不知天下一家，隨在可以挪給，豈必在粤輸粤而割裂以爲之限乎！利便一聽之民，而上但取其固然之利於所出之地，何至殉商人之姦以困編甿，而召私鹽挾仗行凶之禍！誠欲惠商，支放以時而無坐待寄引之苦，則已足矣。

國以馬爲强弱。秦之强也肇於非子，而趙唯騎射乃能以一國抗初張之匈奴，漢、唐之所以能張者，皆唯畜牧之盛也。五代方域小而年促，僅作旦夕之計，而宋承之，舉漢、唐之故苑置之於蔓草田疇之中，而强賦之民爲保馬，其視金、元，如鼠之遇狸，誠不敵也。昭代乘胡元之披靡，驅之無角逐之勞；其與張、陳爭成敗者，皆舟師步卒格鬭於吳、楚，用馬之力少，而馬亦僅矣。然猶廣置牧苑，爲邊防計，使循而不弛，不百年而蕃庶可待。乃不知誰爲之策，俵養於江北、山東、河南、北直民閒，使民牧而責其駒。其爲民患也，則始領種馬之日，愚民稍以爲利，既而子孫怠於牧畜，則或家無三尺之駒而歲供孳生之馬。垂至百年以外，刷馬、印馬之繁，折價之苦，計户坐徵，加賦外之賦，而民敝極矣。其爲國患也，民貧而詭，則以駑羸之馬應官，既不堪用，莫能整飭。而苟且之臣，又謂承平無用此贅物，不如折價貯於冏寺爲國儲。其邊鎮需馬，則上疏奏討，發冏帑以聽其自買。債帥十不買一，而徒充囊橐，於是中國幾無馬，而或資茶以貿於西番，仰鼻息於裔夷。抑且水草失性，動至仆斃，徒爲猾駔、墨吏之中飽。邊警以來，人持短兵以當萬騎之衝突，責之以不敗，必不可得已。夫自寧夏而南，至於岷、黎、建昌，又南而滇、洱，皆宜馬之地也；黄河退灘自同、華而東，至於淮、泗，皆可牧之埸也。捨彌望之荒壤，捐數千頃之閒田，調坐食之宂卒，募游食之餘夫，通天下而計之，爲費幾何？行之一二十年，而入番之茶可使以金代馬，中國之孳息，自較夷狄而尤盛。固可蠲江北、中原之馬價以甦民，而民益甦矣。謀國者不以家視國，國之蠹也。八口之家，牛、豕、鷄、騖不仰於市，慵夫惰婦一切藉粒粟以易之，其餒可待。舍其生聚，聽産乘之空虚，毆傴蹇之卒以當踐蹂，而國以淪胥，良可爲痛哭也。保馬爲禍階，俵馬繼之，賠折積怨，冏金盡而國隨，亦必然之勢已。

牧苑之法行，國馬取給於牧地，而通其法以廣公私之畜，紓民役之苦者，又莫若隨府州縣而置牧。每邑各有牧場，以邑之大小，草料之難易，酌其多寡。其收放、打草、剔除之役，量置官夫，穀粟取之縣倉本色。特恐傳舍之吏不加愛惜，則無如分任正佐官，每官牧若干匹。交盤清楚之外，許寄牧私馬半，於公馬任滿，聽其作歸裝之用。其官牧之馬，以半供驛遞，半授民兵操演逐盜之用，使民兵之壯者習騎射焉。若其孳息贏餘，則三年一計其登耗，斥賣爲亭傳修飭之用，恒令寬然有餘而不爲吏苦。且乘人者，夏桀之虐政也，馬不給用，而狡胥之頑軀皆以累良民之項領。馬既蕃衍，則嚴乘人之禁。在任官非五品以上，休致官非七品以上，士儒耆老非七十以上，及有病婦女非五十以下及受封者，不許用肩輿。則民相勸於養馬，而無形之富强寓於居平，以待不測，此通數百年强本治内之要圖也。

嚴於督民而寬於計吏，則國必無與立。史稱元政不綱，唯其寬也。唐制：州縣官秩滿，則謝事赴都，聽吏部銓簡，而後更授新除，謂之選人。雖士大夫不無疲勞之苦及待選之難，然使受命臨民者皆得奉一王之靈爽而聽廷臣之清議，則自鄭重其官箴而不敢偷。三年入覲，因行大計之典，亦通此法而得其平也。考滿給由，必親領司文，赴部考覈，而後授以官階，則不滿於公議者，昏瞀老疾者，皆無所隱匿，而吏道清矣。自以催科爲急，於是有藉口錢糧任重，而郡縣長吏有終身不入都門者。升降皆遥爲除受，其陟其黜，一聽之上官，上且不知有天子，而况知有廷臣之公是非乎！上官者唯知己之好惡，又其下則唯知貨賄已耳。而天子設部司，設臺省，將以何爲！故郡邑之吏不入覲受計，赴部考滿，而覬天下之治，必無此理。

覈吏不得不嚴，而士大夫自有廉恥獎掖之者，抑其本也。孟子言：「君之視臣如犬馬，則臣視君如國人。」養犬馬者猶必充其芻豢，而官俸勿論多少，皆實支三石，折絹折鈔，則盡名有而實無。一月但支三石，以食九人，而不足庶人在官者之稍食也。爲吏者去其鄉，荒廢其資生之田里，子女僮僕取給於實支者，十不償一，勿論其上有父母之甘旨也。況其葬、祭、昏、嫁、子孫讀習之費，而在官抑有往來酬贈，楮筆鐙油之需，雖至儉約，亦豈能如於陵仲子之資屨纑乎！全與實支，猶且不給。故唐、宋之制，店舍、魚步、園圃皆委之郡邑而不以上供，所以佐俸入之窮也。至於修理公廨，鋪程酒飯，心紅油蠟，一切皆有經費，寬爲數而不問其盈餘，要令公私各得拔葵逐織，而出無政事之埤，入無交徧之讁，然後秉國法以課其廉頑，則賢者獎、不肖者懲而不怨。今俸入不堪，吏莫能自養。其始也，虧替公費，耗没祭祀、學校、夫馬、鋪遞、民快之貲以自入，而一責之民。其既也，則無所不爲，而成乎豺虎矣。國家常畜數千飢鷹以牧飛鳥，猶且曰彼自有之而無待於公家，則何以爲民元后耶！

曆之紀建、除、宜、不宜，其弊始於唐，沿於宋，相循以爲故常，未有知其非者。唯解大紳庖西封事言之，而未能詳也。王者敬授民時之大典，而以惑世誣民之小道當之，導民以需，而爲事之賊，其褻天迷人甚矣。故王制曰：「假於鬼神時日卜筮以疑衆，殺。」尤可異者，曆尾逆推六十年甲子一周之歲，徒列其年而無所取。宋人以天子年逾六十，欲展爲百二十，蓋使六十以外之人不登於曆數，非恤老者之所忍，不但天子然也。且下註男幾宮、女幾宮，僅合婚之邪說，尤爲俾民卒迷，而以此失其配耦之正者多矣。不能利民而滋害之，君道亡矣。曆授民時，使民知因時而趨事，則但當首紀月之大小，月建之所臨；次紀某日某時日躔某次；次紀中節日時刻分社、伏；次紀朔、弦、望、盈虚；次紀方今月令之宜，如立春正月節，則曰自某日立春以後，某候至，可以作某事，如出耒耜，火田萊，五穀播、耰、薅、穫，生蠶，種草棉，理桑苧，種瓜蔬，合牛馬，字雞鶩，擁魚苗，平道塗，架橋梁，苫牆屋，備薪炭之類，逐月逐候而示民乘時以竟功；其次則紀六氣司天在泉之正變，示民以節飲食、慎起居而遠疾眚；其次紀官司祀事，民間嘗新、薦寢、社、蜡、儺飲之時，如此，則本天以治人之道立矣。若御用曆，則因一歲之節序，時之德刑，日之剛柔，定戎祀慶威之度，及發政布令之期，以憲天而出治。尤不當以瑣瑣災祥干有國之典禮，明矣。至壬遁曆以命將臨戎，尤爲誖蠢。兩軍相當，生死爭於俄頃，廢智勇而聽命於妄人之説，不亦危乎！

因逆臣之阻兵而廢藩鎮，因權臣之蠹國而廢宰相，棄爾輔矣。宰相廢而分任於六官，以倣周制，是或一道也。乃周六官之長無所不統，而今太僕不統於兵部，太常、鴻臚不統於禮部，光禄、上林不統於吏部，通政、大理不統於刑部，國子監不統於户部，官聯不審，事權散亂，統之者唯秉筆内臣而已。至於内臣之必統於吏部，尤爲國之大綱，而都督位兵部之上，莫能仰詰。二者乃治亂安危之樞機，周官之扼要。於此一失，綱紀盡亡，區區以行人司、欽天監爲禮部之遥屬，胡不推此以正六卿之職也！

牧民之道，教養合而成用，故古者學校領於司徒，精意存焉。今學政貢舉一歸禮部，則以爲此彬彬者儀文而已，户部但操頭會箕斂以取民，爲國家收債之駔儈，王者意之重輕，形著於命官分職，治亂於此决矣。督學官，司教者也，宜爲布政使司之分司亡疑，而以按察使司官爲之，欲以刑束天下士乎！其始制之意，不過欲重其事權，以彈壓提調之有司耳。乃按察祇以糾大姦、折大獄爲職，若經常教養之事，布政司領所屬長吏之治而考其成，以上計定黜陟。今學政興廢，無所事事，而授之廉訪提刑之官，則布政司一持籌督迫之租吏，使爲一方之師帥，天下何緣而治也！

洪、永閒歲貢最重，與進士相頡頏，故授以訓導，其選師儒，未嘗不重也。其時學校初立，歲貢生前無積累，非有日暮塗窮之意，而朱善、苗衷皆以教官擢大位，曹鼐自陳不敢爲人師，其不以閒冗視之可知也。相沿既久，挨貢法行，歲貢者皆學不足以博一舉，而視此爲末路，其能擢國學縣令者百不得一，惰歸之氣乘之，雖欲不棄教道而弋餔脩，不可得已。要未始非立法者之不圖其後也。學政唯宋爲得，師儒皆州縣禮聘，而不繫職於有司。若令提調就附近致仕閒住、告病、告養品官之中，及舉人年四十以上，學行果爾表著者，官率生徒，執贄拜請，以典教事。其禄養資給，因地方大小，生徒衆寡，差等以立之經制。督學官一以賓禮接見，不與察計之列。行移不通於有司，迎詔、拜表、歲、時、朔、望無所參謁。若其教無成績，而所教生徒屢科不與鄉舉，歲試優等少而劣等多，及行劣至三五人以上，不先送提調官詳黜，又或告發干名犯義及數干門禁者，則引身告退。若提調官所聘非人，及奬勸乖方，致令惰劣者，督學官糾參如法。師儒若有成教，則不論年歲，敦留卒業，待其果老、果疾或品官起用、舉人中式受職，而後更聘。一以道義廉恥相奬，則人才士風，庶幾可改。長此不革，師道賤而教無術，監司府縣任意差委，濫與錢穀刑名之役，若簿尉倉巡爲奔走之下吏，僕僕參候，與僧道之長同其趨蹌，不肖者因之以希錙銖之利。害極於末流，而其始抑有以啓之也。

弘治間初命按察司官督學，授之特敕，其敕皆勸奬人才之語。至萬曆初所改敕，則如詰姦制盜，置士子於不肖之中而勒束之。故率天下於寡廉鮮恥之塗者，萬曆之初政，江陵之變法，申、商之莠説也。兩敕具載會典。江陵之法行，而劣生把持、包攬，賕吏鬻青衿、受囑託之風益烈，蓋以撲之者煬之也。

進士科始於隋，垂千年而不能易。後有易之者，未知以何道爲得。王安石革詞賦，用書義，亦且五百餘載矣，使學者習效聖賢之言以移其志氣，其賢於詞賦明甚。至文體之屢變，或趨於陋，或淫於邪，皆乘時會，不能爲之豫謀。但可釐正者，導以讀書窮理之實而已。書義而外，論以推明經史，而通其説於治教之詳，策以習天人治亂、禮樂、兵刑、農桑、學校、律曆、吏治之理，非此則浮辭靡調，假於五經、四書而不知其所言者何謂，國無可用之士，而士益偷則益賤，固其宜已。聞萬曆初年，縣試儒童，無策者不送。府試且有以河圖、洛書、九宫、八卦策問儒童者，則所重可知已。萬曆中葉，姚江之徒興，剽竊禪悟，不立文字，於是經史高閣，房牘孤行，以詞調相尚。取士者亦略不識字，專以初場軟美之套爲取舍，而士氣之不堪，至此極矣。原其所始，立法亦有未善者，故流弊有所必至。科場七日而三試，作者倦而閲者亦煩，則操一了事之心以應後場，必矣。二場所試者，表判駢𩐍之語，將以何爲？舊制：誥詔表隨科一道，誥詔視表判爲愈矣。然士方在衡茅，使習知經國長民之道，固無不宜；若王者命令之大體，非立朝廷之上，深喻國體者不知。故唐、宋知制誥者，即文名夙著、官在清要者，尚須試授，則不可使士子揣摩爲之，明矣。誥詔既所不能，表判又爲無實，何如改三場爲兩試！初場書義淹通，每解額一人，取定兩人，令赴二場，試以二論三策，然後決取一人中式。初場以十日閲文，一日拆卷，凡十二日而試二場，又五日而放榜，則作者精力有餘，閲者安詳不遽。尊經窮理以爲本，適時合用以爲宜，登士於實學，固科場救弊之一道也。未得創制顯庸之聖，作法以待賢者，亦將必出於此。

問刑官故出入人罪，律以概論。然考之宋制，故出罰輕而故入罰重，此王政也。故出、故入，有受贓、不受贓之别，亦但當於故出項下分受贓、不受贓，而不受贓者從輕。其故入，則雖不受贓，自應與受贓者等。故出則勿論已決遣、未決遣，一例行罰。蓋雖已決遣，而覆覈果當從重，不難補決，自不致逸元惡之誅。若故入，已決遣與未決遣者固應殊科。蓋故入決遣，死者不可復生，刑者不可復完，徒流已配者不可追償，其已受之勞辱，已決遣之罰自應加重。其致死者，倍宜加等。即不抵罪，而終身禁錮，與大計貪官同處，不得朦朧起廢，及以邊材等項名目濫與薦舉。則問刑之吏尚知所懲，而酷風衰止，貪亦無以濟矣。

贓以滿貫抵重罪，刻法繩人，此所謂一切之法也。抑貪勸廉，唯在進人於有恥，畫一以嚴劾之，則吏之不犯者鮮，更無廉恥之可恤而唯思巧爲規避，上吏亦且重以錙銖陷人於重罰而曲爲揜蓋。上愈嚴而下愈匿，情與勢之必然也。且凡所受於下吏、部民者，乃至鷄彘、扇帕、紙墨、油炭，皆坐價抵贓，繩人於交際之塗，且必開其掠奪之大焉。有出身事主，而可如於陵仲子爭名於一鵝半李之閒者乎？既不枉法矣，則何謂之贓？其枉法也，則所枉之大小與受贓之多少，孰爲重輕？假令一兵部官濫授一武職，以致激變喪師，或因情面囑託，實所受賄僅得五十貫；令一吏部官濫授一倉巡河泊，其人無大過犯，而得賄二百貫；又令一問刑官受一誣告者之賄而故入一人於死，僅得五十貫；其一受誣告者之賄而故入人於杖，得二百貫，豈可以貫之多少定罪之重輕乎？則無如不論貫而但論其枉不枉，於枉法之中又分所枉之重輕，但除因公科斂，因所剥削之多少，分等定罪。其他非黄白狼藉，累萬盈千者，苟非枉法，但付吏部記過，全士大夫之名節於竿牘飲食之中，而重之於箕斂漁獵之條。唯寬也，乃能行其嚴，惡用此一切之法爲！

弭盜無上策，逐捕亦法之所不可廢。宋制：捕盜獲全夥者，加一官，其法較善。蓋責有司以捕盜，唯可賞而不可罰，罰一行則匿盜不報以苟免於譴，而盜益猖獗矣。盜無可全獲之理，十人得七，即可膺全夥之賞。其未獲者，責令鄉保户族長立認狀，不拘年分，曾否經赦，及已獲賊首處決與否，失主存亡，舊案遠近，皆一應責令擒送。若有隱匿，被人首出，即同窩盜。嗣後捕盜員役，若能盤拏積年未獲之盜，舊案分明不枉者，即照捕獲全夥例紀録，能捕人役，一例給賞。其犯盜人田産在逃未獲者，即行變賣，給失主賠贓。如此，則官司無諱盜之心。而失主自告報後，非火下識認須當官指證者，但具一真實贓單，明填記識，俟驗合認領，更不煩頻令到官，一聽官司自行審决，則被盗亦何憚而不洩其荼毒乎！此亦弭盗於末流之善術也。

宂事於一官，而宂官於無事，兩失之道也。在京如吏部稽勳司，其職掌漫無可課之功，而文選宂沓，以滋黠吏乘司官之促迫瞀亂而雠其姦，何如以初選任之文選，而以陞遷、調降、起復之補除任之稽勳，則曹務繁簡稱矣。工部屯田司，亦無實之署也，何不令三歲一稽天下田畝荒墾，有無崩坍淤退，並課有司陂堰圩隄之興廢，而覈實地畝增减，以授户部而登耗其税糧。都水則專任黄、漕二渠之通塞，在外則同知、通判、推官，沿五代及宋掣制之陋以建置，而漫無專任，爲課最所不及；自好者持禄以待遷，否則法外生事以擾民，而事集於知府之一人，求暇以課農桑、親學校而不可得，何似明任以詰戎、捕盗、督糧、問刑之職，正其職名，如漢分曹之制，受成於知府，而各給印信，得上達於監司，俾知府一意教養，則前代行春、勸農、賓賢、飲射之典尚可復也。

官自有體，國家授之以體，則爲吏者有所矜式以養其品行，民亦受其福矣。相沿非九卿堂上官，及法司屬官差審刑獄，五城四門巡視官，不置刑杖。若内閣翰林等清署，雖傔從有犯，亦送兵馬司杖治，所以優君子於清簡和平，而刑亦不濫。不然，在京文武吏且盈千，輦轂之下血濺肉飛矣。以在外言之，凡爲吏者即置刑具。如捕盗理刑官，固其職掌。若分司守巡及府州縣佐貳首領，用此何爲？以快其怒，張其威，甚則脅民而取其貨耳。若布政司府州縣正印官，不得無刑人之事，律既有笞杖定制，或稍使得用訊杖竹篦，以警欺玩可爾。若夾髁桚指，乃不得已而用以詰盜，今牧民者以施於民，是長吏者民之鷙鳥猛獸，而刑具者其爪牙也。失父母師保之尊親，而爲獄吏，知自好者亦應恥爲之。相習不愧，因而不仁，豈自知其辱人賤行耶！乃民亦何辜而糜血肉於司牧者之堂也！倉巡驛泊，師師相倣，民其餘幾！乃至教職亦挾杖以行，廉恥蕩然矣。自應急爲釐正：訊盜之械，唯捕盜官得用之；理刑官得用訊杖；正印官得用小薄竹篦，以懲不恪。若正犯笞杖，即與如法的決。姦欺大蠹，即本署役從，亦大則送理刑官，小則發巡捕首領訊治。斯以矜重長吏，全其君子之體，而以寬斯民之束溼者，即在乎此。若征收税糧，除姦欺里甲付理刑官追比問罪外，則自有勸戒樂輸之道在。若以天子之尊，遣數千鷹犬威制匹夫匹婦，而索升斗銖累之得，不但羞當世之士，而亦重辱朝廷矣。

尹京之難，古今所同，故兩漢多用嚴酷之吏以處之。然京尹，牧民之長，乃天下郡守之師表，而以毛鷙爲尚，則是倡四方之舍德而崇刑戮也。顧輦轂之下，土著少而賓旅衆，其去鄉里而來都下者，類皆其黠者也，非可素施以漸摩之訓。則非任張敞、趙廣漢、嚴挺之之流，誠有難治者。故以郊外編甿屬京尹之政教，而國門以内屬兵馬司、巡視御史之糾察，庶兩得之道也。乃一城而五之，莫相統攝，竄匿閃爍，百弊所生。兵馬司秩卑權輕，動爲權貴所掣。巡視御史差以月計，傳舍視之。姦不勝詰，而法且窮矣。故其後也，一授法紀於緹帥、廠奄而成乎大亂，風波之獄，毒流善類，皆巡察者之權不壹、任不重有以致之也。緹帥之職，視漢之司隸校尉也，而可使紈袴近倖之狡者任之乎！誠欲以牧民任京尹，而以輯姦任執法，無如以五城内外鄉飲、讀約、廛税、夫役聽京尹，畿縣仍視外府州縣。其緝拏探丸、發篋、窺探、賄詐，禁止飲博、猖狂、鬮獄、擾市，凡屬五城所掌之禁令刑名，於都察院堂上副僉專任一員總提督之。劾其縱怠，禁其淫刑，官尊威重，法可必伸。移緹帥之權以授廉直剛毅之大臣，養京尹之仁使盡撫字敬敷之大體，斯爲經國之良規也乎！

常平倉，良法也，而每中圮不行，非但不得其人，亦立法之未盡也。倉米不出於經制，故墨吏可以侵牟，窳吏可以容怠弛。若於立法之始，每年夏秋二税内借徵本色，田畝起科最輕者，如廣西、雲、貴、江北等處。每民米壹石借徵壹斗五升，其次借徵一斗，最重者借徵五升。如蘇、松等處。但遇饑荒穀貴之年，即行平價糶賣。坐充輸糧人户本年應納錢糧，若價過五錢以上，即以有餘銀米賑濟。如三年不遇歲饑，將存米一半，於應解漕糧地方支解，照數減徵糧户本年漕米。其非水次、無漕運地方，亦支放一半，或發賣，或充官吏俸糧，民皂、鋪遞、膳夫、斗級等項公食，每石酌價五錢，坐減糧户本年應納折色。至六年而舊米支盡，新者相仍，假有民米萬石之縣，以中則準之，恒有六千石之畜矣。其米於高爽寒燥地面，徵火米、黄米；卑溼蒸熱之鄉，每米一斗，徵晾過乾穀二斗二升，皆於十月十五日輸倉爲止。支放之日，數有虧欠，經收官不論在任及升調降罷，行提坐贓，追賠問罪。蓋有糧之家，類非糴貴坐餒之人，通有餘以補不足，但損其息，不損其實，三年而無歉歲，則亦適如其應輸之數，而通濟均平之道得矣。坐抵起解錢糧，則有司無所施其侵漁。若溼漏雀鼠之壞腐折耗，典守者固無所逃其責。不此之圖，而豐年發官本以收糴，則有抑勒强買之害，挪移狼藉之弊。至於罰穀存倉，則祇以啓墨吏肉攫折金入槖之門，而五刑收贖之外有無涯之峻罰，徒爲民蠹，無粒粟之實惠也。

黄籍户口之外，有司别有煙民册，此政之顛倒而但可一笑者。率土之濱，莫非王臣，此穰穰者何人，而徒以勤耕苦穫，供國家之租賦者謂之户口也！且如人丁絹，唐之庸調也。桑絲絹，胡元按户課桑之加征也。户口鹽鈔者，原以國初鹽課每引止輸邊粟四斗，鹽價賤，民食其利，故稍派令出鈔以助正課也。絲絹之税不專於農民，通城市村坊逐末技作之民均輸之。既宅不毛者不免里布之遺意，而食鹽之利，計其多寡，則逐末技作者必多，而農民恒有經旬淡食者，固宜分派煙民也無疑。但宅其地，不論客户、土著、佃耕、自種、工商、游食，一令稍有輸將，以供王民之職，乃名不登於天府，無一絲文錢之奉公，而重困農民，代爲墮輸，尚得爲有君統理，有吏分治之天下乎！即煙民而爲户口，三載而考去留登降之數，何所不宜，而執數百年已朽之鬼録，索非法之財耶！

朱子言救荒無良策，不如修水利，誠牧民之要言也。然僅爲東南可瀦可堰者言爾，江、淮以北中原平衍之地，更無水利可修。且修水利者在良有司躬親之，朝廷都水所掌，非不具立條貫，無人奉行，則亦聽民之有雨則弛，無雨則爭，非畫一可久必行之道也。周禮荒政，多興工作以聚失業之人，此最爲通變之善術。蓋年雖凶荒，病在民而國未嘗遽瘠也。若河南、山東、淮、泗一帶，黄、漕二渠歲費不貲，假令災傷之歲，於九月後度所宜修之隄岸，所當疏濬之支流，即行就災傷地面，募無食之民，鳩工起事，以所應用錢糧，於相近成熟州縣，平價和糴米麥，或截抵價漕糧，給丁夫口食傭直，及採買竹木甓石，俱以見米支價。其在山、陝、北直，則就近相視邊牆、堡哨、墩臺、壕塹合當修者，即借支漕米，募飢民挑築，仍扣該鎮應支修邊銀兩，解户部倉場堂上官。俟次年成熟，於相近水次地方，買米麥補運。若黄、漕二渠應有河工銀兩，工部即交割倉場，候熟買補，尤爲利便。倘更不足，則臨清、德州二倉預備米，正可挪支。唯在豐年，則自非虜衝要緊地面崩坍急須挑築，及漕河十分淤塞，黄河異常決壞，爲患深大，一概不得修理。留待荒歲，民有所仰以全其生，而流散團聚、積爲寇盜之源塞矣。若東南既有水利之可修，但在嚴立課程，專官管轄，則自無大歉。倘水旱太甚，亦可修城，浚壕，治道塗，葺館驛，繕公廨、學宮、神祠，以合用錢糧，告糴於鄰近成熟郡邑，支給工食。大抵北方之旱，千里彌縣，又無野蔌魚蠃之産，故死徙寇盜，倍甚於南方。因地制宜，存乎良有司之實心實政，非朝廷之可爲遥處。唯留工作以待荒年，可設爲成法。且民有寧死而不受米粥之拯，且吏胥者約無所讎其姦欺，唯募工之爲兩得。荒政十二，此爲要已。

移度支以供滇、黔、粵右，固不容已，然能安其人而漸化之，則雖勞而有造。乃田糧起科極乎無可輕，而州縣之虐取更倍於腹裏之重賦。郡邑之吏，有坐陞而無内轉，雖行取而不得清要，有拏問而無重法。棄置之於榮辱不加之地，無所顧恤，而聽其爲蟊賊，以求遠人之綏而移易其獷頑，其可得耶！使悉從乎直省之法，官有箴，事有制，賦役有經，即以粵之財治粵、以黔之財治黔而亦足，而何況於滇！且其名爲州縣，大小鐃瘠，恒不相稱。如臨桂乃省會首邑，而壤地瘠隘，不能供一城三月之食，靈川縣界去之十餘里，何不可併爲一縣！其他蕞爾箐峒之中，不能當一鄉保者，亦强立州縣，如修仁、荔浦、荔波、永從、獨山等，皆設城隍、學校官吏以牽其民，而使日暮塗遠之人以朘削之者，又不可勝紀。苗、獞非庸愞之守令可制，但不生事以激之，則可以漸而引之嚮方。若八閩全土，在漢爲東冶一縣而已，東晉以還，日革故俗，今遂爲庶富文明之鉅省。簡以治之，易從而可親，何事此紛紜建置哉！如以郡縣少不能成一省會，則兼兩廣爲一布政司，而建司治於蒼梧，分貴州入湖廣、四川、雲南三布政司，使習腹裏之政教，以移易其吏民苟且之心，則此日之粤右、滇、黔，不可如他日之閩、浙乎！倘以苗夷竊發，必須彈制，自可於貴陽、柳州設督制鎮巡，開軍府如甘肅、鄖、贛、偏沅，亦何用此無政無刑之藩、臬爲也！

兵柄無所專統，自宋而始，然樞密院猶與宰相相爲頡頏，蓋亦倣西漢大司馬、大將軍之制，而稍替其權，未爲失也。若周官九伐一掌於司馬，全領夏官之政，不專任兵事，則封建郡縣，形勢不同。周之戎事，止於千里王畿之車徒，以討諸侯之不庭者，非後世外有强夷，内有大盜，爭安危存亡於一戰也。兵部統武選承襲矣，又統職方九邊之戰守，及車駕、武庫、鹵簿、驛遞、兵器之繁，吏治雜而樞機僅其偶應之一節。乃使軍中遥稟其節度，與督巡鎮帥均其功罪，欲軍之不僨，不可能已。分奏覆、清覈冗沓簿書之餘力，以揣度千里外之進止，雖日斬丁汝夔、王洽，亦徒爲淫刑而已。兵部所可司者，兵制之常也。軍衞勾補絶除添調之政，腹裏武職世襲黜陟之銓，裔夷朝貢封削之典，驛傳夫馬擺給之制，兵器造作給發之數，已不勝其繁矣。若邊防征剿，出大師以決安危，自應别有專任廟算者。殿閣學士固參贊密勿之官，既有文華、武英之别號，則首輔統理而外，宜分武英殿大學士專理機密文字，調度邊鎮守禦征剿，無事則申飭訓練，以考覈鎮巡。凡有軍政之官而進退之，其枚卜會推，一視閣臣，而必於曾任督制及本兵尚書、侍郎中曾有邊功及威望隆重者推之，而慎選武英殿中書舍人，聽其委任。庶乎不以有國之司命，付之悠悠持禄之人，塗飾而趨於羸以斃也。題奏得旨，科抄下部，即發邸報，使中外咸知，此固以公是非得失於天下，而令知所奉行。然在尋常銓除、降調、論劾、薦舉、典禮、刑獄、錢糧、工役之類則可。即如緹騎逮問，刑科且先行駕帖，不發邸抄，況用兵大事，姦細窺覘，密之猶恐不密，乃使喧傳中外，俾夷狄盜賊得以早測進止乎！若倣唐、宋樞密院之遺意，專任一閣臣典司之，則凡係軍情奏請、敕旨傳諭及上言兵事者，不論可否從違，每科抄即送武英，應會議者即集官會議，應傳諭軍中鎮巡將領者即彌封傳諭，應知會直省督撫監司軍衛調發接濟者即行部知會，其建言兵事可否採用，即召赴閣熟問奏行。自餘不應知聞衙門及在外官民，自不當徧令測知，一概勿得抄入邸報，敢有漏洩者，如律治之。不然，律禁漏洩，而邸報流傳遠邇，一何誖也！其夷虜入犯，盜寇竊發，該汛地官飛報與臨陣勝敗、城堡存亡、賊勢衰盛及偵探敵情一應塘報，皆止抄發應與知聞衙門，俱不得抄入邸報。唯掃蕩大捷，應行露布通傳者，方許發抄。則機事密而人心定，斯爲廟算之永貞乎！

六科之職，有封駁，有抄參。封駁之制，唐門下省掌之。門下與中書俱宰執也，而相爲駁異，非大臣協恭之體。給事中，門下屬員也，廷諍爲宜，以正君德，飭國政，儆官箴，盡民隱，自不易之良法。若抄參，則爲私意横行之便徑矣。且如抄出嚴之，抄出速之，抄出商之，與六部相斟酌而申飭焉，猶之可也。若抄出已之，尤爲非法。使其事大而必不可行，則自當封駁。若事小而在可行、可不行之閒，且以聽部院各衙門之行止，而徐議其得失未晚。乃唯一人之意，更不俟公論，不請君命，而以意爲廢興，此何法也！自持禄養交之閣臣務爲詭隨，任科臣之氾濫以免指摘，於是而上下爭權以成乎滅裂，一激而爲盡削臺省之權以任六部，賄賂公行，綱紀蔑絶。後有作者，必且大反而又失其平，則封駁、抄參，酌中正以適治理，所必熟講也。

總憲得其人，則吏治自飭，大司成得其人，則士氣自清，顧公佐之在都察院，李公時勉之在國子監，其明效也。六科無所統屬，故吏科都給事中宜任大計及分發紅本、封駁抄參之事。若御史員雖多，業有總憲爲之綱紀，又任掌河南道印者以大計、提差、考覈之權，則雖有方嚴之總憲，或掣之矣。國子監不得與聞直省之學政，而以督學官之磨勘授之部科，教之不壹，而望文體之正，士習之端，難矣。凡差提學官，一委祭酒、司業保任，以所保者之稱職與否爲保者之殿最。若私通賄賂及寬而縱弛、嚴而苛刻及倡率士子爲詭誕庸陋之學者，國學不先糾論而臺省舉發者，大司成以不職坐廢。其所頒條約，俱國子監頒行之，或因時規正，大司成具列奏準酌定，庶教出一源，而士風其可齊也。

鬻爵之政，始自鼂錯，所鬻者爵耳，爵非官也，以復除、以贖罪而已矣。後世乃以鬻官，又其甚者乃至於鬻士，納馬、納粟而入太學。成化間之亂政，從古所未有聞，其説開自大學士邱濬。濬之爲人，樂道秦檜者也，固其宜矣。天子自鬻國子生，則下之鬻鄉會試，鬻弟子員，孰從禁之！未幾而程敏政、唐寅之事起，自有虞氏設庠以來，極乎金、元之賤士，未有滅裂人廉恥，以敗國之綱維如此者。乃相沿二百年而趨益下，濬之罪可勝誅乎！粟、馬之納，於國計幾何，乃以教化之源爲銅臭之府耶！萬不獲已，如鼂錯之急於實邊以紓民力，自可别立閒散秩名以酬之，免其徭役，而自杖以下，有司不得輒加訊辱。又進而假以鴻臚、光禄、上林諸署冗員，任事則給以禄俸，猶未至重虧夫名教也。

今之鄉飲酒，非古之鄉飲酒也，然如會典行之，亦有裨於風教。乃有司奉行故事者猶數百年，而里正之飲於鄉者久廢。無他，里正疲於徭税，偷薄狼戾，先自里正倡之也。其徒至有錢糧不認父子之謡，而尚暇及此乎！惟公費、驛遞自有經制，不遣里正任其荼苦，正供簡明易遵，按籍以責税户，不誅完欠於里正，則里正不任爲嗾放入山搜攫之獵犬。力既有餘，而播惡之習氣且革，則亦知自愛，而以風教任之，彼且以得行典禮、司教化爲已榮矣。若古之鄉飲酒，則今之起送科舉及鄉試鹿鳴宴是已，此尤崇奬始進於禮教之大者。乃架月橋，令伎人簪花作雜劇，殊爲可恥，宜其一變而以犒兵、饟役之酒食，呼蹴而與，以訖於不復行也。鹿鳴雖歌古詩，而音節無傳，僅同巫咒，簪花挂彩，輕豔不倫。此當自唐人曲江讌來，宋司馬温公聞喜宴不肯簪花，禮部亦不强之。今古樂不可復，不如且革淫樂，而以賓主獻酢之禮行之。榜首爲賓，齒元爲介，餘爲衆賓，請鄉先生三品以上德望重者爲僎。

州縣統於府，而府别有學，其制與州縣等，此甚無謂。宜於州縣學中歲試優者，行提調官覈其德行，無出入公門、虧損名義等過，升之府學而餼之。量府之大小、人才之盛衰而爲之額，多者不過百人。凡州縣學，但與鄉試，不得歲貢，士升於府學而後貢之，升府學者不必科試，竟送鄉試。廷試其優者與出身，次者入太學。大府歲試而貢之者三人，次二人，小府一人。不但名實相稱，且學之於鄉，已小成而進於郡，及就郡學，則師友益廣，勿使局促井里，狎暱習氣，至以錢糧、訟獄陷溺其心，所以擴其耳目、逸其志趣以變之禮，所謂游其志也。升府學，則以胡安定教法及白鹿洞學規酌而教之。學以漸而可大，孰與老於鄉校，錮蔽於腐詩時文之中，而以鄉貢爲日暮塗窮之旁徑，使偷靡以終其身乎！

截解似兩便於國民，而不知其適爲兩害也。財用出納消息之權，必操之朝廷而後張弛隨宜，裕於用而民不困。爲苟且之術者，規一時之簡易，而鹵莽滅裂之禍不可言。如嘉靖閒因吉囊、俺答之患，陝西三邊用兵孔棘，遂將陝西一應錢糧盡行截作三邊之餉，不足則截四川鹽課補充。當時在民則免於解京之難而利解邊之近，在户部則免接濟不及之咎，以委之總制之自爲催督，而以速濟邊事、減省路費爲辭。乃自此而後，户部付西邊之有無於度外，至甘肅一鎮經數十年而無斗粟一鏹之給，寧夏、延綏亦僅有給者，收支無可稽考，託於未解以匿爲中飽者多矣。兵數損而士心離，起而爲盜，所必然也。催督之權一歸總制，任非其人，則胥吏威行於郡邑，令牌、令箭馳突官府，動以軍興相恐喝，民日死於催科桁楊之下，水旱流離，莫能告緩，故激而爲流寇。流寇之獨盛於關陝者，非秦人之樂爲寇也，截解之催督使然也。完欠支放，朝廷無從稽覈，百姓無可控告，以陝西委陝西而求其不叛，庸可得乎！此夏、嚴之流任意而聽部司之委卸，爲總制者又貪利權之歸己，以成乎患害。不知法有必迂曲而後可無弊者，概從簡徑，則無紀綱而必裂。夫民必輸國，而兵必待養於度支，此定理也。水旱可以寬恤，邊事之緩急可以損益，皆聽廟堂之張弛，惡有刻定民閒若干之賦税，爲邊兵若干之軍需，而不憂額餉之有時不給，民力之有時不支者乎！窮鄉遠徼之民，皆知輸正供於京師而饑饉可以望恩，行伍之士，亦知待養於司農而節宣皆唯廟算，然後兵民之分義明，中外之血脈通，而無痿痹隔壅之病。謀國者苟且無術，而貽禍無窮，亦可爲永鑒也已。

歷代唯唐以錢絹雜用，蓋沿北魏、周、隋，江、淮以北地不産銅而錢詘，開通元寶始鑄而不給也。自餘皆以錢爲通用之資。宋以前，銀價雖貴，然僅用爲器飾，猶今之黄金耳。銀産少而淘鍊難，銅隨在可採，而通市交綑猶易充足，物有餘，斯可爲不窮之用也。若宋末會子、交子，元變爲鈔，洪武初猶承用之，其法極乎陋敝，而必不可久。然則利生民之用，自太公以來迄於今，無如錢矣。錢法之壞，亂世貪人壞之也。國貧而攘利亟，銅本少而錢薄劣，覬多得利而終於不行，盜鑄亦因之以起。有天下者通計而期之久遠，何汲汲於旦夕之厚獲耶！即令千錢之本費至九百五十文，但得息五十文，在國家計之，亦爲無窮之益，而民之盜鑄者以無利而廢然返矣。揀精銅而以佳錫點之，倭鉛賤而惡，盜鑄者便之。錫産雖不多，然浙中打造錫箔，最爲暴殄，嚴禁之，一歲可得錫數十萬斤。每文足重一錢二分，而當銀一釐。輪郭圓好，文畫清整，銅色純青，漆背光堅，非是者，官收鍊銅而以銅價償之，雖一錢亦不放行。要令鼓鑄不輟，則青錢廣而惡錢自息，不待嚴之以流配之刑也。假使歲得百萬緡，則歲增百萬兩銀之用於天下，無論在官在民，優然有餘，而國自不貧，況實有五萬緡之息，雖至薄，亦歲計之餘乎！增此百萬緡於人間，則粟麥、絲麻、水陸物産之流通皆速。惟錢少而銀不給，故物産所出之鄉留滯而極乎賤，非所出之鄉阻缺而成乎貴，民之飢寒流離，國之賦稅逋欠，皆職此之由，上下交患貧而國非其國矣。錢多則粟貨日流，即或凶荒，而通天下以相灌輸，上下自無交困。故錢法行者，非一朝一夕驟獲之利，積始終、徹上下而自然以裕乎財用者也。欲錢之行無他法，惟少取息、務精好而已矣。

户部天平，金針玉鉸，滑易而平傾速效，吏無能爲姦弊。各布政司用銅鐵者，猾吏隔宿以醋澆之，生緑澀，隨手一拗，加至數兩不能移，揮槌連擊不能動。有天下者，何惜此數兩金、數片玉，不爲民除無窮之蠹乎！斗斛鐵鑄信善矣，然但用以較量，而重不可舉。若以桐木爲之，加鐵裹二三寸於脣上，三年而一頒，通行天下司府州縣，不過二千餘具。請旨驗發，敢以私斗斛收税糧者，以矯旨從重論。所頒既廣，自莫有敢爲同異者。大抵有國者不可惜費憚煩，如此類者亦多矣。

班匠之制，一以開國之初所定爲額。閱數百載後，其子孫或耕、或商、或讀、或吏，不復知有先世之業，而猶使之供班，或令折銀，徒爲無窮之累。若彼操技術以食於民者，曾不供一王之役，此政之大不平者也。且直省之中，若廣東、四川、雲南爲工作之藪，廣西、貴州地雖瘠而百工之所爲亦備，乃獨無班匠，亦非法也。朝廷所用工匠，自宜招募和雇，其廩餼之資，則當即取之工匠無疑。誠於十五直省州縣分爲九等，制其名額，每名依公旬之制，歲役三日，酌其傭直多少，量加路費。不論土著客作，但於地面應付經一月者，即令著役，給以當年經收信票，即往他處，本歲不致重征。歲役一二人爲甲首，徵收納解。合用工匠衙門召募揀選工匠，稱其難易巧拙而分餼之。其或上用之匠多而民間少，或民間之匠多而上用少，通各色免役之實徵，則均足矣。如木瓦匠所在多有，戧金刺繡民間少而上用不少，但均算所徵銀兩，隨宜支給，不可以一匠抵一匠之用。若召募不以其道，工食尅侵，役使過度，刑責過峻，以致銷沮其趨事求精之心，甚至避逃不赴，造作稽遲，及粗惡不中程式，但責之部司之官而不責之匠，則弗患其不能來百工矣。若國有大興作，非大匠不能經度，工成應賞以禄秩，宜於工部别建職名，豐其禄秩；特不可假以尚書、侍郎、郎中等名色以亂流品而已。匠無世業，巧者能之。不以匠還匠而求之農民，農之困非一端，耒柄鉏矜且不能不以錢粟往求於匠，而尤代之供京班之役，無怪乎人之樂舍南畝而趨末作也！

所與守天下者，軍也，軍所尤重者，北邊、南瘴之屯戍也，城堡之哨瞭也。天子倚邊軍以固天下，三軍倚瞭哨以決死生，自非與將吏同心以效忠於國者，不可以此委之，明矣。乃自充軍之例興，雜犯死罪，若流若徒，皆以例發充軍。軍舍武職有大罪則調邊衛，邊衛有大罪則發哨瞭，是以封疆大故爲刑人抵罪之地，明示閫外之任爲辱賤投死之罰，督制鎮將且爲罪人之渠帥，如驛吏之領囚徒，國家之神氣，幾何而不沮喪乎！且其人既已姦宄，幸脱於死，而無惜廉恥以告鄉里之心，無保井廬以全親戚之念，其不叛不逃，復何顧焉！其尤黠者，甘心延寇以快報復於一朝耳。本死地也而使之樂，本勞地也而使之勸，本險地也而使愿者處之以保其貞，乃可令兵親其將，而以軀命報恩禮！正當於民閒揀選有志行者，奬以榮名而使之爲兵，於腹裏屯衛揀選有志行者，奬以榮名而使之居邊，於邊軍揀選有志行者，奬以榮名而使之瞭哨，人慕榮名，然後上下相親而樂爲之死。彼罪謫戍邊，秦、隋之所以速亡；刺配軍州，宋之所以拱手而授天下於異類，而何效焉！

惟合萬國以享帝、享親，則編甿皆所應效。太常寺所需，當責之户口田畝，土產者徵本色，非土產者徵折色以和買。自外則米、麥以供禄餉，爲農民所應輸，次則棉絨、豆料、絲麻、牲口、柴薪，（舊制柴薪及擡柴夫偏責之畿南北、山東、山西、河南，亦爲不均。）可均派天下之户口，棗、茶、竹、漆可派之園林。此外凡國用所需，若皮張、弓箭、翎毛、蠟油、顏料、鉛、鐵、筋、角之類，皆商賈之所居盈以射利者也。田野之民，辛苦以採畜之，雖有餘而市之，亦以供終歲之用而不足，商賈坐而邀其利。乃自一條鞭之法行，而革税課河泊所官之税務，盡没其從出之原，概責之地畝，抑本崇末，民日偷而國日貧矣。蓋農民愿懦，責取之也易，商賈黠狡，責取之也難。悉舉國用而脅蚩蚩之氓以輸將，其始具列名目，雖若繁細，猶存名色；一條鞭矣，則併其名而去之，但知征粟征金，而不知何爲而須此矣。萬曆間每府州縣皆置税場，但不宜遣内使督擾耳，言者謂之擾民。其云擾者，要皆市井姦嚚之宵小，於國家根本所依南畝之勞人，未有怨咨也。或且謂農民日用亦必資於商賈，隨地而税，則物價增貴，農民亦受其病。不知人必免於凍餒而後可有求於市，則以税故而價稍增，亦其所可堪者也。若苦於飢寒征徭，而無告之民經年而不入市者多矣，曾何損耶！議法於廷者，皆不耕而食，居近市而多求於市賈，利商賈以自利，習聞商賈之言而不知稼穡之艱難者也。孰能通四民之有餘、不足、勞逸、强懦而酌其平乎！雜派分責之商税，則田畝之科徵可減，而國用自處於優，國民兩賴之善術也。孟子言「關譏而不征」，又言「市廛而不征，法而不廛」，謂當時列國分據，彼疆此界，商賈阻難，需貨於鄰國，非寛恤之使厚獲利，則趨他國而不至，故以不征誘之耳。後世四海一家，舟車銜尾而往來，何患於商賈之不來乎！孟子言恤商而孔子不言，魯用田賦，以商賈之賦賦農民則譏之，斯萬世不易之法也。

邊糧有本色、折色之異。本色糧料草束，就近截解以省飛輓，可矣。折色銀兩，轉解無難，自當總解户部，請旨發邊。蓋事有緩急，兵有增減，有調彼赴此、隨急而應之異，採買糧料有豐凶、缺足、貴賤之不等，原不可以一定之數聽之督制鎮巡，使有餘則恣其漁獵，不足則或短少糧料以虧軍士，或更請增加以病國。唯必從部發，相緩急貴賤而爲之制，省無事之費以儲之而待有事，節豐足之價以儲之而待凶缺，一定於廟堂之斟酌而權衡皆專於壹，則事用恒足，而民亦不受邊鎮雷霆風火之督迫，邊亦不苦有司秦越肥瘠之視。假令歲解銀百萬，枉道由京而至邊，所費二千人之役而已。以都燕言之，薊、宣、大同近在肘掖，遼左、延綏、寧夏不過旬餘，惟固原、甘肅爲遠，然亦沿塗驛站之均勞耳。財者，朝廷所以維繫邊關者也，散綱紐於四外而聽其自爲取與，可乎！苟且以趨便，所謂以細人之心謀國也。

天子所都，即不得陸海之地而居之，亦未有不生五穀者。宮中之食與百官之禄，支本色者亦有限，未有不可給者。以都燕言之，若都他處，更爲易給。順、永、保、河四府夏、秋二税二十三萬有奇，所需細糙白糧於蘇、松、常三府者十五萬有奇耳。即以四府二税之米麥，供宮中及百官、師生、吏役之禄入及酒醋之需，猶有盈餘以資他用。而必責之數千里逆流閘水之輓運，其船脚、尖耗、松板、墊席之費且倍於正供，又僉解大户，使傾産隕命以任之，此何爲者？蓋沿洪武定都金陵，蘇、松、常帶水之便，因就近上供。及永樂北遷，謀國者苟且從欲，莫爲改釐，其害遂至於今而不已。不知近者納本色，遠者納折色，此通禹貢五服百里、二百里異職貢之道，萬世必因者也。若謂天子之都，民食宜裕，不可使輸粟過多，則何不增此十五萬之漕糧於應漕之地，以代畿民之他賦，而免此更端之擾、偏重之役乎！或以吳下粳米精好，玉食者所宜享，則慈闈、上用、中宮、東宮、諸王、妃主之常膳，歲可數百石而給，令三府酌貢足矣。若遵大禹菲食之道，居其地，食其産，以爲百官倡，尤盛德之事。食不厭精而已，何土之粟不可精耶！況郊廟粢盛，取之籍田，一畿之土産耳，又何以仰質於上帝與祖考乎！

流民不知何時而始有，自宋以上無聞。大抵自元政不綱，富者驕而貧者頑惰，有司莫之問。未流之先，不爲存恤，既流之後，不爲安集，相沿至於成化而始劇。初爲流民，既爲流寇，遂延緜而不可弭。江北、河南，曠莽千里，旱蝗一起，赤地無餘，舟楫不通，糴買無從，勸農之法不講，而税糧又多徵本色。無三年之食，國已非國，及其棄土就熟，乃更授以公據、文憑，令横行天下以索食。夫此流者既不難去其鄉矣，使屯種於邊，何不可者？即不欲赴邊，而土廣人稀之地，如六安、英、霍，接汝、黄之境，及南漳以西，白河以南，夔府以東，北接淅川、内鄉之界，有所謂禁山者，何爲而禁之？若饑民告去其鄉者，於彼山地安插之，使刀耕火種，各成聚落，於鄖、夔、漢中、廬、安、汝、黄諸府增縣建官以牧之，輕其税徭以安之。又如崇陽而南，至於瀏、醴，東接瑞、袁、吉安之西境，宣、歙、衢、嚴，南至於建、汀，山肥土澤，可粟可麻，而不耕不税，爲豪民之影占，擇地而立之邑，授土而奠之耕，皆可以安寘此曹，而化疲頑爲率教之甿，易荒窮爲錯繡之國。此以處夫既流而不復業之民矣。乃以安未流之民，使永安其土者，則除已流之户籍，分給田産於土著而使之廣種，減其漕運本色之數，多置常平以權豐凶之積，使有所憑藉而不欲去其土。十年之後，將必恥惡其游蕩索食之故態，而況忍爲探丸嘯伏之姦乎！河南、江北，唐、宋以前皆文治之國，朴秀之俗也。誰移之而使成爲乞、爲盗之俗？任教養之責者，乃更給之符檄以獎之乎！轉移之權，在加意而已。

勾捕逃軍之禁甚嚴，横及於無辜之户族鄰里，作法之涼，乃使襲而爲之者捕逃、送逃，毒流於中原之赤子亦憯矣。夫惟出征臨敵而逃者，於軍法不可貰，亦立募獲之賞，禁沿塗之誘匿於授鉞之日而已。若其著伍之日，無出征之令，而或操或屯，則天下之必不可强之使爲者兵也，欲其捐生以效命於原野，而拘縶怯懦離心之人以嘗試乎！養之有恩，馭之有道，能爲兵者自樂爲之，不能爲兵者，聽其告退而歸民籍，別募以補伍，奚患乎無兵而待嚴逃禁哉！其有逃者，必其爲長、爲帥者之不能恤士也，詰其所以逃之故，亦罪坐主者而已矣。唯問罪發充之軍，逃所必誅。然罪人充配，損國威而短士氣，始爲謫罪充軍之議者，庸人誤國之禍原也。以屯田言之，則人逃而田故在，如其欲脱籍而去，即以所屯之田歸之官，而更授募者。假令募者不能耕，即坐收屯粟以爲新軍之食，固亦甚易。唯典賣軍屯之禁不嚴，故或軍退而無田可歸。其法但按始授軍屯之籍，不論其所賣之或軍或民，責於餘糧子粒之外，苟非正身著伍，即令輸上倉十二石月量之數，則典賣不行，而屯產恒在，有以給新軍矣。人之才力性情各有所宜，不欲爲兵者强使爲兵而不得，欲爲兵者亦抑令爲民而不安，在經國者之裁成耳，如之何爲苛法以虔劉斯民也！

自文官不許封侯之法立，而五等夷爲粗官，朝廷獎馭勳勞之權日輕，故王威寧以封侯入右班爲恥。公侯之爲帥者，匍伏於士大夫之門，上欲揚之而祇以抑之，勢之所激必然也。自隋、唐重進士之科，崇尚文墨，則古者文武並於一塗之道不可復行。然出身之塗可異，而自三品以上，爲國大臣，出而屏藩，入而經緯，固宜合也。誠使自戎伍而登仕者至三品，則通經術、明法律者，自詞林而外，卿貳督撫皆可歷試，其不諳文事者，亦可兼銜。自科目而登仕者至三品，則出而提督邊關，皆可掛印充總兵官，入而理戎政，爲樞部之長貳，亦可兼都督之職。苟爲盡忠宣力之大將，亦得進而與聞乎國政。而文臣登籍以後，志在大用者，不徒高吟曳裾，以清流自標榜，而貽無用之誚於武夫。分釋褐從入之途，以使各專其業，合大臣憲邦之用以使交重，而不相激以偏輕。君天下者，勿任意見之私，當開創之始，不矜馬上而賤詩書，在守成之日，不忘武備而輕介胄，納天下於揆文奮武之治，在其斡運而已。

文臣不許封侯，至以極刑嚴之，顧亦念古今之以文臣竊天下者凡幾，若宋趙普、韓琦，皆贈王爵，亦何病於國！雖秦檜亦濫王封，然不可以檜之失訾普、琦之得也。名爵爲人主所必惜，固也。乃惜之於文臣，而以正二品之世爵施之漢賊張魯之苗裔，使與闕里並崇，因宋、元之陋而流及於今，亦可長太息者也。濫名器，崇邪説，其徒乃得藉以游食，煽貧民而取其財，數百年無一人言及者，可異也。今所謂王侯者，非古之列土牧民者也，名焉耳。生而爵之，没而贈之，以褒臣子，以寵鬼神，一也。公侯之名，惜於論道經邦、尊俎折衝之文臣如此其重。帝一而已，昊天之尊稱，一人之大號也。真武一龜蛇之靈耳，關壯繆一將帥之雄耳，而封之曰上帝，曰大帝，乃使愚人無以復加，而稱之曰夫子，公然一洙泗矣。上行下效，曾何紀極？此其宜與禹放蛇龍，孔子成春秋黜荆、吳之僭王同法也奚疑！

三恪之封，自曹魏而下，攘人之天下，而姑以虛名謝疚耳。然迄於唐，介、酅之封，猶不失爲天下貴。但承所竊之閏位，而非崇元德顯功之嗣以修配天之事守，如唐舍漢後而尊宇文、楊氏，非帝眷之不忘，民心之不昧也。宋得柴氏之天下，遂廢李唐之祀，其於柴氏也抑未嘗爲之顯名，於茲偷矣。唯漢舍秦而崇殷、周，獨得三代之遺意焉。洪武初，置此禮於不講，乃使李、趙撥亂安民，數百年天地神人之主，降爲編甿，顧授買的里以侯封。此當時贊襄諸臣自有仕元之慝，而曲學阿世以成乎大失，其罪不容逭也。李、趙之苗裔，於今未遠，譜系非無可徵。且如漢室宗支，若長沙定王之後，散在江、楚者歷四十餘世，統緒尚未佚亡，而況於李、趙之近而可稽乎！爲中國之主，嗣百王而大一統，前有所承，則後有所授。沛國之子孫若手授之隴西，隴西之子孫若手授之天水，天水之子孫若手授之盱眙，所宜訪求其嫡系，肇封公侯，使修其先祀，護其陵寢，以正中夏之大緒。而國家有納后妃、降公主之典，自應於此族選之，選之不得而後及於他族，又清流品、正昏姻之大義也。一姓不再興，何嫌何疑！而顧與盜賊□□相先後而不恥乎！以赫赫炎炎漢、唐、有宋之功施有夏，而顧不及妖賊張魯之餘孽，世受寵光，不待義夫而爲之扼腕矣。敦忠厚立國之道以定民志，昭功德而俟後王，固不容不於此加之意也。